O Poder da
Inteligência Espiritual

O Poder da
Inteligência Espiritual

10 Maneiras de Ativar
o seu Gênio Espiritual

Tony Buzan

Tradução
EUCLIDES LUIZ CALLONI
CLEUSA MARGÔ WOSGRAU

EDITORA CULTRIX
São Paulo

Título original: *The Power of Spiritual Intelligence*.

Copyright © 2001 Tony Buzan.

Publicado originalmente em inglês pela HarperCollinsPublishers Ltd.

Todos os direitos reservados. Nenhuma parte deste livro pode ser reproduzida ou usada de qualquer forma ou por qualquer meio, eletrônico ou mecânico, inclusive fotocópias, gravações ou sistema de armazenamento em banco de dados, sem permissão por escrito, exceto nos casos de trechos curtos citados em resenhas críticas ou artigos de revistas.

A Editora Pensamento-Cultrix Ltda. não se responsabiliza por eventuais mudanças ocorridas nos endereços convencionais ou eletrônicos citados neste livro.

Dados Internacionais de Catalogação na Publicação (CIP)
(Câmara Brasileira do Livro, SP, Brasil)

Buzan, Tony
   O Poder da Inteligência Espiritual : 10 maneiras de ativar o seu gênio espiritual / Tony Buzan ; tradução Euclides Luiz Calloni, Cleusa Margô Wosgrau. — São Paulo : Cultrix, 2005.

   Título original : The power espiritual intelligence ISBN 85-316-0889-9

   1. Auto-ajuda — Técnicas 2. Auto-realização (Psicologia) 3. Vida espiritual I. Título.

05-3492   CDD-158.1

Índices para catálogo sistemático:
1. Inteligência espiritual : Psicologia aplicada 158.1

O primeiro número à esquerda indica a edição, ou reedição, desta obra. A primeira dezena à direita indica o ano em que esta edição, ou reedição, foi publicada.

Edição   Ano
1-2-3-4-5-6-7-8-9-10-11   05-06-07-08-09-10-11

Direitos de tradução para o Brasil
adquiridos com exclusividade pela
EDITORA PENSAMENTO-CULTRIX LTDA.
Rua Dr. Mário Vicente, 368 — 04270-000 — São Paulo, SP
Fone: 6166-9000 — Fax: 6166-9008
E-mail: pensamento@cultrix.com.br
http://www.pensamento-cultrix.com.br
que se reserva a propriedade literária desta tradução.

Impresso em nossas oficinas gráficas.

dedicatória

O Poder da Inteligência Espiritual é dedicado com muito afeto e carinho a Lesley e Teri Bias; à minha mãe, Jean Buzan; a Lorraine Gill, Vanda North, Nicky e Strilli Oppenheimer, Dra. Petite Rao, Caroline Shott e Carole Tonkinson, por seu apoio espiritual à minha vida pessoal e pela dedicação e empenho incessante de todas para transformar este pequeno livro e grande sonho em realidade.

sumário

Lista dos Mapas Mentais 8
Agradecimentos 9

Introdução: Jornada ao Paraíso 10
Capítulo 1: O 'Grande Quadro' 28
Capítulo 2: Os Valores 46
Capítulo 3: Visão e Propósito de Vida 56
Capítulo 4: Compaixão — Compreender a Si Mesmo e aos Outros 64
Capítulo 5: Dar e Receber! Caridade e Gratidão 78
Capítulo 6: O Poder do Riso 98
Capítulo 7: Rumo ao Parque de Diversões Infantil 112
Capítulo 8: O Poder do Ritual 126
Capítulo 9: Paz 138
Capítulo 10: A Única Coisa Necessária é o Amor! 152

lista dos mapas mentais

Mapa Mental — Resumo do Capítulo 1. Este Mapa Mental resume como a consciência do 'Grande Quadro' — do nosso lugar no universo, da fragilidade do planeta e do modo como os homens podem afetar o mundo — constitui parte importante da Inteligência Espiritual.

Mapa Mental — Resumo do Capítulo 3. Visão e propósito de vida são resumidos neste Mapa Mental, que mostra como os objetivos são importantes e como podem ser reforçados por meio de exercícios.

Mapa Mental — Resumo do Capítulo 5. Sintetiza os importantes temas da caridade e da gratidão, e inclui os benefícios que o dar e o receber propiciam a você e aos outros.

Mapa Mental — Resumo do Capítulo 6. Este Mapa Mental resume o tema do riso, descrevendo como o humor pode ajudar a vencer as circunstâncias mais adversas e proporcionar-lhe uma vida mais longa, mais saudável e menos estressante.

Mapa Mental — Resumo do Capítulo 7. O Mapa Mental do Parque de Diversões Infantil resume a maneira maravilhosa como a criança vê o mundo e como também nós podemos redescobrir uma atitude semelhante à dela com relação à vida.

Mapa Mental — Resumo do Capítulo 8. Sintetiza o poder do Ritual; os ramos mostram os benefícios da prática regular de rituais, revelam a maneira como a repetição reforça esses rituais e relembram os Exercícios Espirituais que ajudam a introduzir o Ritual na sua vida.

Mapa Mental — Resumo do Capítulo 9. Este Mapa Mental mostra como você pode criar momentos de paz por meio da meditação, de 'intervalos' e de 'pausas no santuário' para organizar a mente e promover o bem-estar.

Mapa Mental — Resumo do Capítulo 10. Este Mapa Mental resume o poder do amor para vencer obstáculos e mostra como o amor é a chave para a consciência, para a compaixão e para a Inteligência Espiritual.

agradecimentos

Gratidão e agradecimentos novamente à equipe responsável pela produção do meu livro *Head First*, primeiro lugar nas listas dos mais vendidos, e que repetiu o feito com *O Poder da Inteligência Espiritual*! À minha Editora-chefe, Carole Tonkinson; à minha editora, Charlotte Ridings; ao meu artista e ilustrador, Alan Burton; a Paul Redhead, Toby Watson, Tim Burn, Yvette Cowles, Jo Lal, Megan Slyfield, Jacqui Caulton, Aislinn McCormick; e ao novo integrante do grupo, Ariel Kahn.

jornada ao paraíso

introdução

**Não somos seres humanos que estão
passando por uma experiência espiritual;
somos seres espirituais que estão
passando por uma experiência humana.**
(Teilhard de Chardin)

Você é uma pessoa espiritual? Muitos confundem ser espiritual com ser religioso, mas são coisas bem diferentes. Quando é Inteligente Espiritualmente, você se torna mais consciente do 'grande quadro' — para você mesmo e para o universo — e do seu lugar e propósito nele.

Para muitos, a Inteligência Espiritual é a mais importante de nossas muitas inteligências, a que tem o poder de transformar a sua vida, a civilização, o planeta e o curso da história. Em *O Poder da Inteligência Espiritual* vou expor a natureza da espiritualidade e mostrar como você pode desenvolver essa inteligência maravilhosa. Você será capaz de desenvolver os seus valores pessoais — conceitos como verdade e honestidade — e de envolver-se primeiro com uma maior compreensão e conhecimento de si mesmo, para em seguida dispor-se a participar da comunidade com o objetivo de ajudá-la.

Felizmente, o desenvolvimento da Inteligência Espiritual lhe possibilitará ver o lado mais leve e gracioso das coisas e recuperar as qualidades de entusiasmo, alegria, energia e persistência que caracterizam as crianças. Não apenas isso — eu lhe mostrarei também como você pode aumentar a sua paz e força interiores, capacitando-se assim a controlar e a reduzir o *stress*, causador de tantos males à nossa conturbada vida moderna.

Em primeiro lugar, eu gostaria de falar-lhe um pouco sobre a minha carreira espiritual e sobre o modo como me dei conta de que existia algo como uma Inteligência Espiritual.

Duas histórias ilustrativas:

> **História 1**: Chocolate, Pureza de Alma e Suborno!
>
> Na adolescência, comecei a fazer-me as 'grandes perguntas': Qual é o sentido da vida? Por que há tanto sofrimento no mundo? Os animais têm emoções? Por que morremos? Para que ser honesto ou bom? Há outros planetas com vida? Quais são as dimensões do universo e onde ele termina? E assim por diante. Meus amigos e eu achávamos que conseguiríamos algumas respostas freqüentando a escola dominical, e por isso cumpríamos essa obrigação com muita seriedade.
>
> O professor da escola dominical era um homem insolente, arrogante, com estilo dominador e autoritário. Certo domingo, ele prometeu que, se levássemos novos simpatizantes para a aula da semana seguinte, ele nos daria uma barra de chocolate por pessoa que atraíssemos.
>
> Levantei a mão imediatamente! Lembrei ao professor que, numa aula anterior, ele havia falado sobre pureza de alma e sobre os males do suborno. Se fôssemos movidos por sentimentos religiosos verdadeiros, não deveríamos convidar as pessoas para a escola dominical para ajudá-las na sua caminhada espiritual? Não deveríamos, portanto, fazer isso unicamente por amor à pessoa? Não deveríamos fazê-lo com prazer, entusiasmo e generosidade, sem esperar nenhuma recompensa? Oferecendo barras de chocolate, ele não estaria, na verdade, subornando-nos?!
>
> A resposta foi que eu nunca mais devia fazer perguntas desse tipo e que devia sair da sala por essa demonstração de grosseria e insubordinação!
>
> Saí e nunca mais voltei. Desse dia em diante, passei a considerar tudo o que tivesse relação com a espiritualidade como um embuste, algo sem importância ou inútil, e escolhi a razão e a lógica como o 'verdadeiro caminho'.

História 2: Lógica versus Espiritualidade

Com 20 anos e já na universidade, eu havia solidificado a minha visão sobre a supremacia da lógica e a fragilidade da religião e da emoção, tornando-me um ateu convicto. Eu havia aguçado as minhas habilidades verbais e de raciocínio lógico e me deliciava com uma boa argumentação intelectual! Imagine o meu prazer no dia em que a campainha da porta tocou e uma frágil senhora de meia-idade anunciou que viera para tentar salvar a minha alma!

Como uma aranha se preparando para apanhar uma mosca, convidei-a a entrar e deixei-a explanar o seu ponto de vista sobre a necessidade que eu tinha de ser mais desperto espiritualmente. Nessa época, eu já conhecia bem a história da filosofia e os grandes debates sobre moralidade, Deus e o sentido da vida. Em menos de 15 minutos levei a gentil senhora a confundir-se, mas, para minha surpresa, ela continuava disposta e esperançosa, e não se sentia derrotada.

Ela explicou que ajudar outras pessoas era uma orientação relativamente nova na sua vida, uma vida que conhecera muita dor e sofrimento, mas que agora estava muito mais bonita e calma. Animada, ela me perguntou se podia voltar na semana seguinte com alguém mais experiente no assunto; eu concordei, antecipando outra batalha lógica com um adversário mais 'à altura'.

Uma semana depois ela voltou, apresentando-me orgulhosamente a um jovem que acabara de se formar na universidade e que conhecia muito bem o assunto. Engalfinhamo-nos imediatamente, dando início a um grande debate intelectual. Finalmente, depois de uma hora, ele cometeu um erro lógico fatal, e eu ataquei. Venci a batalha!

Ainda não se dando por vencida, a senhora perguntou se podia voltar na semana seguinte com um dos membros mais antigos da sua organização. Concordei novamente.

No dia do encontro, houve uma tempestade de neve e o frio era penetrante. Apesar disso, o meu Anjo de Misericórdia não deixou de aparecer. Com orgulho e

> respeito, ela me apresentou ao seu acompanhante: um senhor de meia-idade com a aparência de um personagem de bangue-bangue de segunda categoria e que era um dos integrantes mais antigos da sua organização. Ele parecia o oposto de tudo o que a espiritualidade representava, sabia pouco sobre argumentos éticos ou morais e dava a impressão de que o seu propósito era apenas extorquir-me dinheiro e desfilar sua condição. Eu o acusei de ignorância, ganância e desonestidade e o deixei todo vermelho e mudo em cinco minutos.
>
> Outra grande vitória!
>
> Mas isso durou pouco. À saída dos dois, a senhora olhou para mim com semblante de dor, uma expressão de fracasso, decepção, perda, súplica e uma dor quase insuportável. Quando fechei a porta, esses mesmos sentimentos brotaram em mim.
>
> O que eu havia feito?
>
> Aquela senhora gentil havia passado várias semanas da sua vida se preparando para me encontrar, com o único propósito de ajudar a salvar a minha alma. E o que eu fizera para expressar os meus agradecimentos e a minha gratidão por esse gesto totalmente abnegado a meu favor? Eu a golpeara com os bordões da lógica e das palavras; eu humilhara e rebaixara diante dela pessoas que ela amava e respeitava; eu tentara destruir as bases de uma vida inocente, amorosa, recém-estruturada; e depois de vangloriar-me com os meus 'triunfos', eu a devolvera à neve. Joguei-me no sofá, atordoado com o horror do que acabara de fazer. De repente, a lógica e as palavras pareceram irrelevantes, e todo o meu ser estava acabrunhado de tristeza e remorso.

Sem consciência do fato, o meu Anjo de Misericórdia havia mais do que realizado a sua tarefa e, por fim, havia vencido com facilidade e com o espírito elevado! Esteja onde estiver, querida senhora, eu lhe sou eternamente grato pela sua maravilhosa e bem-sucedida missão de resgate!

Num instante de compreensão angustiante, a minha vida havia mudado. Percebi que inteligência significava mais do que simples palavras, números e lógica. (De fato, em pouco tempo eu descobriria que existem múltiplas inteligências — Criativa, Pessoal, Social, Sensual, Física, Sexual, Espacial e Espiritual, assim como a Verbal e a Numérica, que analisei no meu livro *Head First*.)

inteligência espiritual — uma definição

Freqüentemente, ouvimos falar de:

- '*espírito* da idade'
- 'cheio de *espírito*'
- pessoa 'pobre de *espírito*' ou de '*espírito* elevado'
- '*espírito* perturbado'
- o '*espírito*' da nação
- 'meu pai *espiritual*'
- 'ela era um *espírito* iluminado'
- 'minha morada *espiritual*'

mas o que exatamente entendemos por 'espírito' e 'espiritual'?

O conceito de espírito deriva do latim *spiritus*, que significa respiração. O termo moderno se refere à energia vital e à parte 'não-física' que compõe o ser humano, incluindo as emoções e o caráter. Abrange também as qualidades vitais de energia, entusiasmo, coragem e determinação. (É interessante observar que espírito significa ainda uma forma de álcool purificado. A ênfase recai sobre *purificado!*)

A Inteligência Espiritual tem relação com o modo como você cultiva e desenvolve essas qualidades. Relaciona-se também com a proteção e o desenvolvimento da sua alma, definida pelo Dicionário Oxford como 'identidade moral e emocional' e como intensidade da 'energia intelectual e emocional' dessa identidade.

A Inteligência Espiritual se desenvolve naturalmente a partir da sua Inteligência Pessoal (conhecimento, apreciação e compreensão de si mesmo), passa pela Inteligência Social (conhecimento, apreciação e compreensão com relação às outras pessoas), até a apreciação e compreensão de todas as outras formas de vida e do próprio universo. Na verdade, contato, compreensão e apreciação da natureza são os principais aspectos no desenvolvimento da Inteligência Espiritual.

Auto-realização

A auto-realização é o último estágio de realização descrito pelo respeitado psicólogo americano Abraham Maslow, no que ele descreveu como sua *Hierarquia de Necessidades*. Maslow descobriu que, independentemente do grupo humano ou do local do planeta onde se originem, todos os seres humanos passam por estágios ascendentes de sobrevivência e de desenvolvimento espiritual. Esses estágios compreendem:

- necessidade de alimento
- necessidade de abrigo
- necessidade de saúde física
- necessidade de uma família
- necessidade de educação
- necessidade de integração social
- necessidade de realização intelectual, social e material.

A pessoa só alcança o último estágio de desenvolvimento humano — a *auto-realização* — quando consegue satisfazer todas essas necessidades básicas.

Maslow definiu a auto-realização como um estado espiritual em que o indivíduo transborda criatividade, é espirituoso, alegre, tolerante, tem senso do objetivo e da missão de ajudar as pessoas a alcançarem esse estado de sabedoria e felicidade. Tudo isso deve ser realizado num ambiente de compaixão e amor cada vez maiores.

Essa descrição de Maslow corresponde ao que atualmente chamamos de Inteligência Espiritual!

o anseio universal de inteligência espiritual

A nova ênfase global no desenvolvimento do poder da Inteligência Espiritual chega no tempo certo para um mundo que é descrito, com freqüência cada vez maior, como espiritualmente doente.

'A que ponto o mundo está chegando?', perguntamos, quando palavras como 'divino' são aviltadas para descrever, sofregamente, roupas ou móveis novos; quando as pessoas se descrevem como 'extasiadas' ao verem seus jardins suburbanos transformados depois de seguirem as sugestões de especialistas dadas pela TV; e quando 'êxtase' é o termo que descreve não um estado de transcendência, mas uma droga barata e prejudicial ao cérebro?

Todavia, nada é tão ruim quanto parece — o próprio fato de as pessoas buscarem esse 'tumulto' confirma que o espírito continua vivo! Ele está apenas procurando orientação para encontrar o caminho certo, e perdeu-se momentaneamente entre o mundano e o corriqueiro.

Mesmo o fluxo incessante de más notícias que jorra diariamente de nossos rádios, televisores e jornais contém alguns aspectos positivos. Desastres naturais como terremotos, avalanches e inundações causam dores e sofrimentos horríveis, sem dúvida; mas podem igualmente produzir demonstrações extraordinárias de compaixão e de espírito comunitário. Muitas vezes essas catástrofes nos sacodem do estado semi-robótico em que a nossa vida transcorre e nos infundem uma nova percepção que está além do ordinário. É uma percepção e uma consciência que também podem ser despertadas pelo nascimento e pela morte, pela perda de entes queridos, por um nascer do sol, por um quadro, e por todas aquelas coisas que inspiraram o que há de melhor na arte, na poesia e na música de todos os séculos.

Mas as boas notícias continuam!

Mais e mais pessoas em sociedades afluentes estão se cansando da superficialidade de sua vida material e procurando um novo conjunto de valores pelos quais viver; valores que destacam um novo sentido de pertencer coletivo e de responsabilidade por um mundo que está num estado de progressiva fragilidade.

Uma pesquisa recente realizada por John Naisbitt, autor de *Megatrends 2000* [Megatendências 2000], mostrou que pela primeira vez na história era maior o número de pessoas que se mudavam das grandes cidades para os subúrbios, dos subúrbios para os exúrbios e dos exúrbios para o interior, do que o daquelas que seguiam em sentido contrário.

Por quê? Porque, diziam as pessoas, elas sentiam que estavam de algum modo 'perdendo sua alma' e que precisavam restabelecer o contato consigo mesmas, com a Natureza e com o sentido de comunidade humana pelo qual ansiavam. Elas queriam mais Qualidade de Vida, uma vida que alimentasse, e não que exaurisse, o seu espírito.

Ao mesmo tempo, o mundo está passando por um novo Renascimento. Num país depois do outro, mais galerias de arte, salas de concerto e museus estão sendo construídos. E em muitos países, mais pessoas do que nunca estão estudando (profissionalmente e para satisfação pessoal) música, desenho, pintura, redação criativa, teatro e dança.

No início deste 21º Século do Cérebro e do Milênio da Mente, estamos vivendo num mundo que está se transformando, de uma relativa 'noite escura da alma', numa era de despertar, de desenvolvimento e de iluminação espirituais. *Você* faz parte desse processo.

Grandes homens são os que percebem que o espiritual é mais forte do que qualquer força material.

(Ralph Waldo Emerson)

> **Biografias Notáveis** — Valentina Tereshkova
>
> Muitas pessoas de destaque estão pedindo publicamente mais atenção à Inteligência Espiritual e um maior cuidado com as crianças e com o futuro do planeta. Exemplo particularmente notável é o da Dra. Valentina Tereshkova. No dia 16 de junho de 1963, um potente foguete lançou a cápsula espacial 'Vostok 6' ao espaço exterior; Valentina a pilotou por 48 órbitas ao redor da terra. Três dias depois, ela pousou a sua cápsula espacial com segurança, e assim se tornou, e continua sendo, a única mulher do mundo a realizar um vôo solo ao espaço. Ela recebeu muitas recompensas e condecorações, e passou a dedicar uma parte cada vez maior do seu tempo a falar em conferências internacionais de paz. Recentemente, ela foi indicada para o prêmio Mulheres do Ano do 'A Mulher do Século 20', e no seu discurso de aceitação enfatizou a responsabilidade que todos temos com o futuro da civilização humana:
>
> 'Precisamos todos compreender e aceitar plenamente a nossa responsabilidade pelo futuro da civilização humana em todas as áreas de atividade — na economia, na ciência, na cultura e na arte... Acredito que todos conhecemos os perigos que temos em mente. A poluição do meio ambiente causada pela insensatez dos homens, a poluição do espaço exterior e a questão do uso sensato dos avanços científicos e tecnológicos para benefício e não em detrimento da humanidade.
>
> 'Outro problema é proteger a saúde espiritual das nossas crianças, provê-las de uma bússola moral para que possam escolher a direção certa no espaço cibernético ilimitado. Podemos resolver todos esses problemas? Sim, podemos, graças à responsabilidade e à solidariedade.'

Os Jogos Olímpicos realizados em Sydney, Austrália, em 2000, ofereceram uma clara demonstração dos benefícios e dos efeitos de pessoas que usam a Inteligência Espiritual. Durante duas semanas, 17 milhões de pessoas superaram os mais complexos problemas logísticos, deixaram de lado considerações pessoais para dar atenção a outras pessoas, lidaram com todo tipo de *stress*, e em quatro milhões de casos individuais, ofereceram seu tempo, dinheiro e energia para celebrar uma conquista humana. Os comentaristas de todo o mundo ficaram surpresos diante da visão e do som de pessoas que formavam coros espontâneos em trens, navios e aviões; de todos ajudando todos; e do contínuo e quase hipnótico espírito de alegria e entusiasmo que tomou conta de todo o país.

Esse foi o exemplo de um país inteiro, ele próprio composto por muitas raças, religiões e credos, recebendo visitantes de todo o planeta e conseguindo, milagrosamente, criar com sucesso um 'paraíso na terra' momentâneo.

> **Biografias Notáveis** — Diana, Princesa de Gales
>
> As manifestações públicas de dor pela morte de Diana, Princesa de Gales, em 1997, foram vistas por alguns como uma expressão preocupante do poder da celebridade e de como o vazio da vida das pessoas as levava a se apegarem a ícones populares e a viverem sua vida vicariamente através deles. Embora esse seja um modo de ver os acontecimentos, existe uma visão mais Espiritualmente Inteligente — a de que as pessoas superaram as suas diferenças para compartilhar a dor por uma mulher que fizera tanto para ajudar os outros com o seu trabalho solidário, que se tornara símbolo de esperança e compaixão.
>
> Diana será lembrada por milhões de pessoas em todo o mundo por sua posição manifesta contra o uso de minas terrestres e por sua compaixão por pacientes aidéticos. Apesar dos seus problemas pessoais, ela foi ao encontro dos necessitados e, com seu exemplo, inspirou outras pessoas a fazerem o mesmo.

Longe de estar se deteriorando rapidamente, o mundo em que você vive está passando por um período extraordinário de crescimento espiritual. Esse poder espiritual que você, a sua família, os seus amigos e todos nós possuímos, é infinito. Este livro tem o objetivo de ajudá-lo a abastecer-se desse poder e a usá-lo para o seu próprio bem e para o bem dos outros.

Não podemos ensinar nada às pessoas; só podemos ajudá-las a descobrir o que já está dentro delas.
(Galileu Galilei)

o poder da inteligência espiritual — visão geral

Os dez capítulos de *O Poder da Inteligência Espiritual* tratam das 'Dez Graças' que se combinam para formar a Inteligência Espiritual.

Capítulo 1 — O 'Grande Quadro'

Demonstrarei nesse capítulo que você é um milagre, e você ficará conhecendo alguns fatos incríveis sobre si mesmo e sobre a sua relação com o universo. Cada um de nós produz um efeito e um impacto palpáveis na história; você lerá as idéias de alguns dos maiores pensadores do mundo sobre você, sobre as suas extraordinárias capacidades e sobre o seu poder.

Capítulo 2 — Os Valores

Os seus valores e princípios determinam o seu comportamento e têm um efeito muito grande sobre a probabilidade de sucesso na sua vida. Aplicando as lições que irá aprender, você aperfeiçoará tanto as suas oportunidades de sobrevivência como as dos seus amigos. Nesse capítulo, analisarei a constituição e o desenvolvimento desses princípios e lhe apresentarei as idéias de Buda, de Maomé e de outros mestres sobre esse assunto.

Capítulo 3 — Visão e Propósito de Vida

No Capítulo 3, você passará a conhecer o poder da sua visão e da sua capacidade de planejar. Aplicando esse poder você será capaz de transformar a sua vida para melhor. Para isso, vou pôr à sua disposição uma técnica especial que usei para ajudar atletas olímpicos, homens de negócios e dezenas de milhares de outras pessoas ao redor do mundo que procuravam aumentar as probabilidades de sucesso.

Com um propósito claro e definido, a sua vida ganhará sentido e direção, e você se tornará mais saudável, mais forte e mais confiante.

Capítulo 4 — Compaixão — Compreender a Si Mesmo e aos Outros

O Capítulo 4 aprofundará a análise do 'Surpreendente Você'. Apresentarei jogos e exercícios que demonstrarão como você é criativo e singular. Esses mesmos exercícios revelarão todas as qualidades espirituais que você tem em comum com o restante da humanidade.

Você também ficará a par do que grandes líderes espirituais, como Gandhi, pensavam sobre compaixão e compreensão e acompanhará as reflexões de John Donne, Muhammad Ali, Nelson Mandela e Ralph Waldo Emerson sobre esse mesmo tema. Cada um deles ajudará você a desenvolver a própria Compaixão e Compreensão.

Capítulo 5 — Dar e Receber! Caridade e Gratidão

Quando incorpora as graças gêmeas da Caridade e da Gratidão, você multiplica várias vezes a sua Inteligência Espiritual. A sua alma aprende a inspirar (gratidão) e a expirar (caridade). Um dos homens mais ricos do século 19, Andrew Carnegie, é um exemplo fantástico dessas qualidades.

Aplicando as lições desse capítulo, você ficará mais forte e saudável espiritualmente, e ao mesmo tempo se tornará mais solícito, atencioso e bondoso.

Capítulo 6 — O Poder do Riso

O riso é uma qualidade vital da Inteligência Espiritual; ele o beneficia de muitas maneiras, inclusive reduzindo os níveis de *stress* e em geral levando a uma vida mais alegre e feliz. Pesquisas também demonstram que o riso pode ajudá-lo a viver uma vida mais longa e saudável. Você deve terminar esse capítulo como um 'coelhinho feliz'!

Capítulo 7 — Rumo ao Parque de Diversões Infantil

Qual o benefício em voltar a ser criança? Você descobrirá isso nesse capítulo! As pesquisas mostram que, quanto mais você se torna Inteligente Espiritualmente, mais as qualidades infantis de inocência, alegria, satisfação, espontaneidade, entusiasmo e aventura aumentam em sua vida.

Capítulo 8 — O Poder do Ritual

O que você faz para melhorar a sua estabilidade espiritual e emocional, para reduzir o *stress*, para se tornar mais persistente e determinado e, como conseqüência, mais forte e confiante?

Existe uma fórmula mágica? Sim! Ela se chama ritual, e nesse capítulo você aprenderá algumas lições importantes dos iogues indianos. Ao terminar o capítulo, você saberá criar os seus próprios rituais e sentirá os efeitos incríveis que eles têm sobre o cérebro, o corpo e o espírito.

Capítulo 9 — Paz

O mundo moderno produz muitas 'vibrações negativas' — *stress* acumulado, nervos abalados e confusão mental. Para a sua sobrevivência, tanto espiritual como qualquer outra, é essencial aprender técnicas para reduzir e eliminar o *stress* e cultivar um ambiente interior que seja calmo, tranqüilo e sereno. Nesse capítulo, com a ajuda de Maharishi e Confúcio, entre outros, eu o conduzirei àquele estado em que você estará livre da perturbação mental, da ansiedade e da angústia.

Capítulo 10 — A Única Coisa Necessária é o Amor!

Nesse último capítulo, você será iniciado no poder inexcedível — o Poder do Amor. Você lerá histórias de aventuras, de provações e atribulações, de morte e esperança, e conhecerá técnicas e procedimentos para atenuar o sofrimento, a dor e o desespero.

■   ■   ■

O Poder da Inteligência Espiritual quer ser estimulante, informativo, prático e divertido. Cada capítulo compreende: uma definição de cada 'Graça', ou qualidade, que está sendo tratada, com os benefícios que ela pode oferecer à sua vida cotidiana; histórias que o inspiram e orientam no desenvolvimento da sua Inteligência Espiritual; e palavras de sabedoria que alimentam salutarmente o seu pensamento espiritual. Cada capítulo inclui também Exercícios Espirituais, com jogos e recomendações práticas que o ajudam a fortalecer o aspecto específico da Inteligência Espiritual que está sendo abordada.

Um componente adicional são os 'Estimuladores do Espírito' da Inteligência Espiritual, próprios para aumentar a força dos exercícios, sob a forma de 'Intenções' e 'Afirmações' que você pode repetir regularmente. Eles o ajudarão a apurar e fortalecer o seu propósito na vida e, por repetição, reforçarão as conexões sinápticas no seu cérebro, intensificando assim o seu poder mental e espiritual.

Os Estimuladores do Espírito foram formulados cuidadosamente para protegê-lo das muitas ciladas a que o 'pensamento positivo falso' pode induzi-lo. O objetivo dos Estimuladores é manter:

- o seu corpo firme na terra
- a sua mente desobstruída
- a sua alma bem assentada
- a sua energia fluindo
- a sua Inteligência Espiritual e a sua vida em aprimoramento contínuo.

O Poder da Inteligência Espiritual inclui também Mapas Mentais — ferramentas de aprendizagem gráficas, multicoloridas, a cujo desenvolvimento dediquei grande parte da minha vida. São mapas-roteiro excelentes para a memória, que lhe possibilitam organizar fatos e pensamentos de forma que o modo de operar natural do cérebro é envolvido desde o início. Cada capítulo oferecerá exemplos e fará referências a Mapas Mentais, e também incluirá exercícios em que serão usados Mapas Mentais para aumentar e desenvolver a sua Inteligência Espiritual.

Seguindo as idéias contidas neste livro, você terá condições de aumentar e desenvolver a sua Inteligência Espiritual. Para lhe dar uma idéia do seu progresso ao longo do caminho espiritual, procure responder às perguntas a seguir e volte a elas ao terminar a leitura do livro.

1. Você se sente 'uma coisa só' com a natureza? SIM/NÃO
2. Você é brincalhão? SIM/NÃO
3. As pessoas o consideram uma criança (em inocência, não em *infantilidade*)? SIM/NÃO
4. Você gosta de crianças? Elas reagem a você com naturalidade? SIM/NÃO

5 Você é conhecido por ser solidário com os problemas dos outros? SIM/NÃO

6 As pessoas o procuram para pedir ajuda para problemas pessoais, éticos ou espirituais? SIM/NÃO

7 Você gosta de todos os tipos de clima? SIM/NÃO

8 Você não gosta de muitos tipos de clima (frio, calor, chuva)? SIM/NÃO

9 Você gosta de animais? Eles reagem a você com naturalidade? SIM/NÃO

10 Você costuma matar moscas, besouros e outros insetos? SIM/NÃO

11 Você acredita que a honestidade é a melhor política? SIM/NÃO

12 Você acredita que a raça humana tem um propósito? SIM/NÃO

13 Você acredita que a caridade e o trabalho abnegado são apenas para idealistas ingênuos e pouco práticos? SIM/NÃO

14 Você tem sentimentos de admiração e assombro com freqüência? SIM/NÃO

15 Você passa por momentos de grande alegria? SIM/NÃO

16 Você tem sensações de unicidade com tudo o que o cerca? SIM/NÃO

17 Você reza ou medita regularmente? SIM/NÃO

18 Questões sobre o propósito da vida, sobre a natureza do bem e do mal e sobre a relação do homem com o universo o intrigam ou o estimulam? SIM/NÃO

19 Você gosta do 'som do silêncio'? SIM/NÃO

20 Você se preocupa com o planeta? SIM/NÃO

21 Você se ama? SIM/NÃO

22 Você apanha o seu lixo? SIM/NÃO

23 Você acredita que existe alguém ou algum poder/energia maior do que você? SIM/NÃO

24 Você tem esperança? SIM/NÃO

25 Você tem entusiasmo? SIM/NÃO

26 Você sente compaixão? SIM/NÃO

27 Você é grato por sua vida? SIM/NÃO

28 Você respeita e considera as outras pessoas? SIM/NÃO

29 Você é criativo? SIM/NÃO

o 'grande quadro'

capítulo um

Os homens viajam a lugares distantes para encantar-se com a imponência das montanhas, com as imensas ondas do mar, com os longos cursos dos rios, com as vastas extensões dos oceanos, com o movimento circular das estrelas; e passam por si mesmos sem se maravilhar.
(Santo Agostinho)

O primeiro princípio da Inteligência Espiritual é a percepção de que você é um milagre e é maravilhoso! Não há dúvida sobre isso; assim, a sua atitude com relação a si mesmo, *e aos outros*, deve ser de admiração reverente. Cada um de nós é mais precioso, valioso, raro, belo e inestimável do que o mais precioso e raro rubi ou diamante.

Definimos milagre como um ato ou acontecimento 'extraordinário ou maravilhoso', ou como 'uma pessoa ou coisa que é exemplo primoroso de algo' — como em 'um milagre de projeto'. A palavra 'milagre' deriva do latim *miraculum*, maravilha, ou coisa maravilhosa. Não há o que discutir — todas as evidências comprovam que *você* é maravilhoso. Pense sobre o milagre da engenharia de que você é feito:

- o seu corpo é constituído de 200 ossos minuciosamente esculpidos e mecanicamente perfeitos; 500 músculos com bilhões de fibras musculares e 10 mil metros de fibras nervosas que mantêm tudo coordenado
- os seus olhos, ouvidos, nariz, pele e boca são tão sensíveis e complexos que os cientistas não conseguem explicar como eles funcionam, e muito menos reproduzir as suas funções adequadamente
- o seu coração é a bomba mecânica mais espantosa já projetada, batendo aproximadamente 36 milhões de vezes a cada ano da sua vida
- o seu cérebro contém 100 bilhões de células nervosas — o equivalente a 167 vezes a população do planeta — e cada uma delas é mais poderosa do que qualquer computador pessoal de que hoje dependemos cada vez mais!

Também sabemos que você é mais singular e diferente de qualquer outra pessoa da terra do que um floco de neve com relação a todos os outros flocos de neve.

Além disso, sabemos que os átomos que o compõem têm origem nas estrelas. No sentido mais verdadeiro da palavra, você é Filho das Estrelas!

Cada um de nós é capaz dos mais surpreendentes atos de coragem, resistência, heroísmo e sacrifício, como também, infelizmente, dos piores excessos de cobiça, egoísmo, depravação e crueldade — esse é o milagre de ser humano.

Sê humilde, pois és feito de terra.
Sê nobre, pois és feito de estrelas.
(Provérbio sérvio)

o quadro maior

Quando começam a explorar as dimensões mais amplas do seu mundo, uma atividade que crianças de todo o planeta realizam é enviar uma carta a um amigo ou a outra criança do clube de correspondência, com termos parecidos com estes:

Minha amiga Jane Fitzgerald,
Paradise Street
Londres
Inglaterra
Europa
Mundo,
Via Láctea,
Universo.

Essas crianças estão começando a descobrir, como fazem os Espiritualmente Inteligentes, que o universo é o seu lar, e que elas vivem num conjunto de imediações progressivamente mais amplas.

É a vastidão do universo que cria a sensação de enlevo, maravilha e admiração reverente, e que dá origem a todos os tipos de indagações espirituais sobre o sentido da nossa existência e sobre o nosso lugar e significado individual nesse universo.

Every now and then,
Take a good look at something
Not made with hands;
A mountain, a star,
The curve of a stream.
There will come to you
Wisdom and patience,
And above all, the assurance
That you are not alone in the world.
(Sidney Lovett)

[De vez em quando,/Dê uma boa olhada em alguma coisa/Não feita com as mãos;/Uma montanha, uma estrela,/A curva de um riacho./A sabedoria e a paciência/chegarão a você,/E acima de tudo, a certeza/De que você não está sozinho no mundo.]

E este universo é imenso:

- a terra é apenas um dos nove planetas do sistema solar que giram em torno do sol
- o sol é milhões de vezes maior que a terra, e no entanto é apenas um dentre os *duzentos bilhões* de sóis que compõem a nossa galáxia
- a nossa galáxia é uma dentre as *centenas de bilhões* de galáxias, cada uma com milhões de anos-luz de um lado a outro, e cada uma separada da outra por uma

distância média tão grande que, se você viajasse à velocidade da luz durante 100 anos, ainda assim não conseguiria transpor essa incalculável distância!

Imagine quantos átomos (os blocos de construção de toda a matéria) deve haver no universo, quando apenas *um grão* de areia das centenas de milhares de praias do nosso pequeno planeta contém *milhões* de átomos.

Pessoas Espiritualmente Inteligentes cultivam ativamente uma consciência da magnificência de qualquer ser vivo e da imensa e indizível beleza do universo. Essa consciência foi favorecida extraordinariamente pela invenção de telescópios, de sondas espaciais e, evidentemente, pelos vôos espaciais tripulados. Graças a esses instrumentos, fotografias belíssimas de planetas, estrelas, galáxias e nuvens intergalácticas onde nascem estrelas, localizadas a trilhões de quilômetros acima de nós, são transmitidas diretamente para os nossos televisores e salas de estar. Essa consciência Espiritual que desponta faz parte da história do astronauta Edgar Mitchell.

Encontrei Edgar Mitchell em 1973, alguns anos depois da viagem dele à lua na missão Apolo 14. As experiências que vivera haviam mudado radicalmente a vida dele, fato que o levara a criar um instituto para o estudo do homem e do meio ambiente. Ele me contou a seguinte história:

A História do Astronauta

O treinamento na NASA para o vôo à lua e em torno dela fora extremamente meticuloso. Os astronautas haviam simulado cada estágio do vôo em termos de duração e de atividades diárias — eles 'haviam ido à lua e voltado', literalmente, mesmo sem sair da terra!

Realmente, o treinamento havia sido tão exaustivo que Mitchell disse não ter sentido praticamente nenhuma emoção de medo ou júbilo quando a nave foi lançada, pois tudo era muito familiar e 'normal'.

Essa familiaridade continuou durante todo o percurso até a lua, tudo correndo tranqüilamente, conforme os planos e, no tocante à tripulação, todos atuando como se fossem robôs. Eles chegaram e começaram a se preparar para a incursão ao 'lado escuro da lua'.

Como tudo o mais, isso também havia sido ensaiado. A incursão deveria durar mais ou menos uma hora. A importância de estar no lado escuro da lua era que, pela primeira vez durante a viagem, a terra ficaria totalmente invisível e nenhuma onda de rádio ou de televisão poderia penetrar ou deslocar-se ao redor da lua. Os astronautas ficariam sem nenhuma comunicação com a terra!

Mitchell relatou que tudo correu bem no lado escuro nos primeiros cinco minutos, mas em seguida o treinamento simulado começou a perder eficiência, e a preocupação, uma pontada de medo e a sua imaginação começaram a tomar corpo. Ele começou a pensar mais e mais na terra — a sua esposa e filhos, a sua casa, os seus vizinhos, os amigos e os lugares onde costumavam se encontrar, e as cores cambiantes das estações do ano.

À medida que a sua imaginação se expandia, o tempo começou a arrastar-se, como acontece quando se está esperando uma pessoa que se ama e que está atrasada. Mas não era apenas uma pessoa que Mitchell esperava. Era tudo e todos que ele amava. Ele começou a perguntar-se se haveria algum efeito estranho da dobra do tem-

> po no lado escuro da lua e se ele e os outros estavam presos numa noite eterna. Os minutos começaram a parecer dias; o tempo atrás da lua se tornava eternidade.
> Depois do que lhes pareceu éons, saíram do lado escuro.
> E lá, finalmente, estava a terra!
> Mas a terra não era como Mitchell a havia imaginado. Na mente dele ela havia sido o planeta gigante que abrigava o universo da sua casa e da sua família. O que ele via agora era um diminuto planeta azul, flutuando na imensa escuridão do espaço. Em torno dele, um invólucro tênue, frágil, de cor branca — a nossa atmosfera. Mitchell acreditava que poderia literalmente estender a mão, dar um pipa-rote na terra e lançá-la, como uma minúscula pérola, no esquecimento.
> Aquele momento, e a súbita percepção da fragilidade da nossa casa local na vastidão da nossa casa maior, provocaram uma mudança de paradigma em Edgar Mitchell. Ao retornar à terra, ele sentia uma grande compaixão e um enorme interesse pelos seus semelhantes, o que o levou a tomar a decisão de dedicar o restante da sua vida à defesa deste delicado, único e belo planeta.

Amor e respeito pela Natureza é uma característica própria da Inteligência Espiritual. Os povos tribais que tanto admiramos por sua Inteligência Espiritual, como os nativos americanos e os aborígines australianos, são célebres por sua profunda preocupação com a conservação do meio ambiente, por seu respeito e amor aos animais e a outros seres vivos e por sua admiração e reverência pelo universo. Esses sentimentos nascem de uma relação filial com a terra e do senso de responsabilidade de agir como seus guardiães.

Nutra-se na Natureza

Muitas vezes as inspirações espirituais se fazem conhecidas por meio da música e da poesia, e músicos e poetas em geral vêem a natureza como a sua musa.

Byron, em *Childe Harold's Pilgrimage*, escreveu:

Há prazer nas matas ínvias,
Há enlevo na praia solitária.
Há sociedade, onde ninguém interfere,
Junto ao mar profundo, e música no seu bramir...

Também o poeta, artista e místico visionário William Blake assim se expressou:

Quando vês uma águia, vês uma fração de Gênio.
Levanta a tua cabeça!

E ao meditar sobre um Universo ideal, Blake compôs estes versos imortais:

To see a World in a Grain of Sand
And a Heaven in a Wild Flower
Hold Infinity in the palm of your hand
And Eternity in an hour.

[Ver um Mundo num Grão de Areia/E um Céu numa Flor Silvestre/É apreender a Infinidade na palma da mão/E a Eternidade num instante.]

Beethoven, Mozart e muitos outros grandes músicos buscaram inspiração na Natureza, introduzindo em sua música o canto dos pássaros, os sons do vento e da água, as vozes dos animais e os ruídos criados por pessoas do campo durante os seus afazeres. Os quatro movimentos da 6ª Sinfonia de Beethoven (Pastoral) nasceram de um passeio no campo!

A Natureza tem o seu modo de premiar os que a ela se dedicam: aguça-lhes a percepção das coisas, e assim aumenta-lhes a Inteligência Espiritual. Exemplo de alguém que se sentiu cada vez mais extasiado diante da beleza e da complexidade da Natureza é o jornalista britânico *Sir* David Attenborough, cuja série premiada sobre animais, plantas e o mundo natural tem maravilhado e inspirado milhões de espectadores em todo o planeta. Talvez ninguém tenha sido mais cativado pelos encantos da natureza do que o próprio *Sir* David.

Se refletir sobre o que segue, você compreenderá por que ele e outros, como Jane Goodall e Dian Fossey, no trabalho que realizam com macacos e gorilas ameaçados de extinção, ficaram fascinados com o mundo natural.

- Como uma planta aprendeu a imitar a forma, as cores e o cheiro de uma vespa fêmea com o objetivo de atrair o macho para acasalar-se com 'ela' e, assim, polinizar as flores?
- Como evoluiu uma semente enorme que precisa de um incêndio florestal a cada 50 anos para queimar sua casca e, assim, ter condições de reproduzir-se?
- Como a borboleta-monarca conhece o caminho desde a Europa até os seus ninhais no México?
- Como o salmão, depois de nadar durante anos nos oceanos, sabe *exatamente* onde está o seu local de desova original?

Esse respeito pela vida e pelos seres vivos é parte importante da Inteligência Espiritual; se você costuma matar moscas, insetos e aranhas, examine por que você faz isso!

resgatados para a vida por experiências de quase-morte

Muitas pessoas Espiritualmente Inteligentes revelam que foi um trauma de quase-morte que 'as despertou' do seu sono espiritual. Uma dessas experiências sem dúvida me fez valorizar a vida ainda mais.

> **Teri e a sua Segunda Vida**
>
> Teri, um bom amigo meu, era um homem em excelente forma, praticante de vários esportes, entre os quais ciclismo, alpinismo e rapel. A sua 'primeira vida' chegou ao fim quando ele descia pela face escarpada de uma caverna. Ele se agarrou a uma pequena saliência rochosa, que se desprendeu imediatamente. Ele passou os últimos momentos de consciência dando-se conta de que estava despencando de uma altura de 60 metros, que bateu a cabeça num ressalto rochoso e que terminou a queda numa poça de sangue, com um joelho esmagado, uma perna, um pé, um braço e costelas quebrados, um pulmão perfurado e o crânio partido.
>
> A 'segunda vida' de Teri começou no hospital quando ele recobrou a consciência e compreendeu que havia 'renascido'. Tudo lhe parecia mais brilhante, mais memorável e significativo. Trinta anos depois, ele ainda diz que ter recebido uma 'segunda vida' mudou totalmente sua atitude diante de cada novo dia. Cada dia é uma dádiva, e ele desfruta cada momento dele. Todos o conhecem como um homem extraordinariamente atencioso e compassivo, com o dom de deixar as pessoas à vontade com a sua generosidade e humor.
>
> Como ele diz sucintamente: 'Bem, quando se tem uma segunda oportunidade na vida, a gente vê as coisas de modo diferente e valoriza muito mais o que tem.'

Tony e o 'Balão Flutuante'

Durante as minhas férias no Caribe, de manhã bem cedo, eu estava tomando um banho de mar numa baía encantadora, mergulhado numa água azul cristalina, resultado da calma da noite anterior. Não prestando atenção à direção que seguia, acabei fazendo uma longa e despreocupada série de nados de costas. Quando parei para voltar, vi o que parecia um balão arrastado pelo vento na superfície da água, e sem pensar (sempre perigoso!) nadei ao encontro dele. Notei que a cor da água embaixo do balão não parecia tão azul. De repente, meu cérebro reconheceu os sinais de perigo, e gritou para mim:

'Água-viva gigante!'

Apavorado, tentei fugir, mas era tarde demais. Os belos tentáculos de cor púrpura envolveram-me pela cintura e pelas pernas e me lançaram como um foguete para fora da água, tomado de ardência. Era como se eu tivesse sido enrolado em arame farpado e então recebido descargas elétricas de grande potência.

De repente me lembrei (e compreendi!) dos muitos depoimentos que ouvira de pessoas que haviam morrido em circunstâncias semelhantes. Durante os 10 ou 15 minutos seguintes, fiquei como um personagem de desenho animado de Walt Disney, com as pernas vibrando como um motor de popa no esforço de alcançar a praia! A cada braçada, eu imaginava se o veneno iria me matar rapidamente ou se prenderia os meus músculos numa rigidez cadavérica que me levaria a afogar-me.

O fato de você estar lendo este livro significa que eu o escrevi! Passei algum tempo no hospital, e saí de lá ainda em estado de choque, depois de ter aprendido várias lições com a Mãe Natureza — entre elas a de que preciso ser mais observador e atento aos perigos.

O mais importante de tudo, porém, foi que, enquanto eu encarava a perspectiva de não sobreviver, aprendi a prestar muito mais atenção às coisas, a apreciar e a desfrutar a 'dádiva' de cada dia que eu tinha e que receberia.

você faz diferença?

**Deus dorme na pedra,
sonha na planta,
revolve-se no animal,
e acorda na humanidade.**
(Ensinamento Sufi)

Acreditar que podem fazer diferença é outro traço peculiar das pessoas Espiritualmente Inteligentes.

Você faz diferença?

É claro que sim! Tudo o que você diz, faz ou cria influencia o ambiente e as pessoas que o rodeiam, e o ambiente e as pessoas afetam muitos outros, e assim infinita e eternamente. Essa relação de causa e efeito é confirmada pela Teoria do Caos — segundo a qual uma borboleta que bate as asas na floresta amazônica pode produzir turbulência suficiente para provocar um furacão em Java.

Você e a sua alma são 'imortais', queira você ou não! A escolha real que você tem é se essa 'imortalidade' afeta a raça humana e o planeta de forma positiva, se quer deixar isso ao acaso ou se deseja trabalhar para desvantagem de todo esse imenso ecossistema. A pessoa Espiritualmente Inteligente escolhe obviamente a primeira opção!

Agora que você tem consciência da sua grandeza, da vastidão e da beleza do universo em que vive, da essência maravilhosa da Natureza e do fato de que o seu espírito é imortal, você está pronto para um belo Exercício Espiritual.

exercício espiritual

1 Lembre-se de que Você é um Milagre

Lembre-se de que você é de fato o resultado de um primoroso projeto. Procure obter mais informações sobre as capacidades extraordinárias do seu corpo e do seu cérebro. Vá à biblioteca ou à livraria local e pesquise em livros de ciência popular disponíveis no momento — sobre tudo, desde cérebros até genes! Alternativamente, assista a alguns programas sobre ciência popular na televisão. Aplique constantemente esse conhecimento à sua própria autoconsciência e ao desenvolvimento da sua autoconfiança.

2 Lembre-se de que Todos São um Milagre

Aplique o conhecimento recém-adquirido sobre a sua própria grandiosidade a todas as pessoas que estão ao seu redor — aos seus amigos, familiares, filhos, colegas, pessoas que encontra na rua, e sim (este é um livro sobre Inteligência *Espiritual*!), mesmo aos seus inimigos. Quando começar a perceber que cada pessoa é única como você, você se surpreenderá vendo as pessoas sob uma nova luz: cada uma levando em si a centelha do divino. Veja o que você pode fazer para gostar delas, ajudá-las e aprender mais com elas.

3 Aprenda com os Acontecimentos da Vida

Olhe para trás e reveja a sua vida e os principais acontecimentos, traumas, sofrimentos e fracassos que fizeram parte dela. Compreenda que cada uma dessas situações foi algo que fortaleceu o seu Espírito. Faça tudo o que puder para ajudar essa experiência a acelerar a sua força crescente — descubra os aspectos positivos, os raios de esperança e todas as lições que possa aprender.

4 Aprenda a Apreciar o Mundo Natural

Passe algum tempo contemplando a beleza multissensória que o envolve. Com a freqüência que puder, passeie no campo, num parque florestal ou num belo jardim botânico (se tiver a sorte de morar perto de algum). Absorva o ar fresco, os diferentes aromas e sons, a paz. Faça isso sozinho, com a família ou com amigos.

5 Jogue o 'Jogo da Singularidade'

Imagine quantos pensamentos você já teve na sua vida até este momento. Em seguida, imagine quantas pessoas podem ter tido *exatamente* os mesmos pensamentos, *exatamente* no mesmo momento, *exatamente* no mesmo lugar?!

Você é único entre todos os seres humanos que já viveram, que vivem e que viverão. Você está só neste vasto universo. Mas, por estar só, você se assemelha aos seis bilhões de outros seres humanos do planeta que também estão sós. Você está *junto* por estar *só!* Pense nisso, e encante-se com a sua individualidade e comunidade simultâneas.

6 Contemple as Estrelas!

Olhe para as estrelas à noite e procure conhecer as diferentes constelações — melhor ainda, invista num telescópio básico e comece realmente a explorar os céus. É um fato surpreendente, mas o universo inteiro que você vê, você recria na sua cabeça! Apenas pense — o *você* minúsculo, microcósmico, pode absorver, manter e recriar o *universo!*

7 Questione

Pergunte-se coisas como:

- O universo tem fim? Em caso afirmativo, como e onde? E se não, como não?

- O universo inteiro poderia ser apenas um átomo de um universo muito maior?
- Existe uma força unificadora que faz tudo isso funcionar? Se existe, que força é essa?

Deixe a sua imaginação vaguear — melhor ainda, pergunte também a seus colegas e amigos, e veja que tipo de respostas imaginativas, criativas, você recebe. Leia livros de cosmologistas e cientistas que estão investigando as fronteiras do conhecimento sobre o universo e seus habitantes.

8 O Tempo

Sempre que os meios de comunicação, os amigos ou mesmo os seus próprios pensamentos o induzem a se queixar do tempo, pense em outras opções!

- **Mercúrio:** 1.000 graus centígrados no lado claro, sem ar, com mais irradiações do que um microondas, e quase zero absoluto no seu lado escuro!
- **Vênus:** 450 graus centígrados de temperatura média, varrido por ventos de ácido sulfúrico de mais de 600 quilômetros por hora e impossibilidade de ver o céu noturno.
- **Marte:** quase sempre com 100 graus centígrados negativos. Praticamente sem atmosfera e sem oxigênio. O sol é visível apenas como uma estrela grande. Inóspito à vida.
- **Júpiter, Urano e Netuno:** todos planetas gigantes, com gravidade tão intensa que você seria esmagado assim que pusesse os pés neles, o que de qualquer modo seria impossível, pois as suas superfícies são formadas por gases líquidos. Ventos médios, incessantes, de 1.500 quilômetros por hora. Não têm oxigênio.
- **Plutão:** planeta minúsculo, sem ar, menor que a nossa lua, sem sol, sem atmosfera e com uma temperatura próxima do zero absoluto.

Em contraste, o **planeta terra**: um Paraíso! Com um equilíbrio tão delicado para garantir a nossa sobrevivência que mudanças de menos de 1% na 'fórmula' que o criou teriam-no tornado inóspito à vida e, portanto, a nós.

Então, desfrute o tempo — todo ele é bom! Aprecie cada variação: as ondas de calor, o frio congelante, o vento, a chuva, a geada, a neblina, a neve. São essas variações que dão ao sistema condições de sobreviver, crescer e sustentar você.

9 Faça Intervalos

Sempre que você se perceber correndo de um lado para o outro, resolvendo uma pequena crise depois de outra, pare por um momento. Use essas pausas como um recurso espiritual para dar contexto e sentido à sua vida. Essas 'pausas de pensamento' o favorecerão com recursos para lidar com a situação, provendo-lhe um reservatório de calma constante capaz de extinguir todos os pequenos incêndios.

Em períodos de agitação e abatimento, faça um esforço consciente para se lembrar de toda a boa 'matéria espiritual' que está em ação fora de você: pessoas lutando para alcançar objetivos; pais procurando ajudar e educar filhos; instituições de caridade tentando fazer o bem; músicos tocando e cantando; artistas desenhando e pintando; escritores escrevendo; e pessoas sonhando com um mundo melhor e trabalhando para concretizá-lo. Lembre-se de que você faz parte desse 'Grande Quadro' — que você é membro de uma grande equipe, a equipe planetária, e precisa ter coragem para continuar com os seus próprios planos e ideais.

estimuladores do espírito

Como mencionamos na Introdução, você pode repetir esses Estimuladores do Espírito em silêncio para si mesmo, pode expressá-los em voz alta ou cantá-los, ou ainda anotá-los e pendurá-los onde possa vê-los regularmente. Como todas as afirmações, se os repetir com freqüência, você *aumentará* a possibilidade de transformá-los em realidade.

- Eu sou uma obra de arte e de projeto milagrosa; exploro e desenvolvo continuamente o meu potencial.
- Eu me interesso cada dia mais pelos meus semelhantes.
- Sou ao mesmo tempo único e igual a todos os outros seres humanos. Exploro essas sensações de individualidade e de semelhança.
- Tudo o que digo, faço e crio tem efeitos incalculáveis e duradouros. Eu me empenho para tornar esses efeitos benéficos para mim mesmo e para os outros.
- Vivo num planeta que é um paraíso. Sou grato pela oportunidade que ele me oferece de viver; grato pelas dádivas abundantes que ele me oferece; e assumo o compromisso de me interessar por ele e de protegê-lo.

mapas mentais

Um exercício mental interessante para complementar o dos Estimuladores do Espírito é imaginar-se como um astronauta perdido no espaço (como Edgar Mitchell achou que poderia acontecer com ele). Pegue uma folha grande de papel e escreva todas as dádivas que a terra oferece e para as quais você ansiaria em retornar se *estivesse* perdido no espaço ou se detido em algum outro belo mas inóspito planeta do nosso sistema solar.

Como alternativa, você pode registrar os seus pensamentos num Mapa Mental. Os Mapas Mentais são divertidos e muito fáceis de elaborar; são também recursos excelentes para organizar e para lembrar-se das suas observações e pensamentos, pois trabalham com a criatividade natural do cérebro, e não contra ela!

Para compor o seu Mapa Mental, comece no centro de uma folha de papel em branco e desenhe uma imagem da sua idéia central (neste caso, o planeta terra). A partir dessa imagem central, projete linhas coloridas e curvas, como ramos de uma árvore, cada uma contendo um conceito expresso numa *única palavra* que surge em sua mente quando você pensa em estar perdido no espaço, sonhando com a terra. Em seguida, considere cada um desses conceitos de primeiro nível e registre o que lhe vem à mente ao pensar sobre essas palavras, e assim por diante com relação aos níveis seguintes!

Faça o seu Mapa Mental tão colorido e graficamente inventivo quanto possível — o seu cérebro não pensa num padrão linear, mas usa cores e imagens. Veja como os Mapas Mentais podem ser atraentes e divertidos na seção de ilustrações deste livro.

os valores

capítulo dois

**Sejam lâmpadas para si mesmos;
confiem em si mesmos;
não confiem em nenhuma ajuda externa!
Agarrem-se à Verdade como a uma lâmpada!**
(Buda)

Os valores são os nossos códigos de conduta interna, os princípios segundo os quais conduzimos as nossas vidas e tomamos as nossas decisões. Quando crianças, os primeiros valores nos são transmitidos por nossos pais, e esses são mais tarde complementados por valores passados por colegas, professores, crenças religiosas e pela sociedade a que pertencemos. Dentre eles selecionamos, consciente ou inconscientemente, os princípios que a nosso critério orientarão o nosso comportamento e a nossa vida.

Valores são os padrões morais e de comportamento que estabelecemos para nós mesmos; eles geralmente incluem conceitos universais como verdade, honestidade, eqüidade, justiça, honra, etc. Esses padrões são essenciais tanto para a sobrevivência pessoal como social — sem eles o caos e a anarquia predominariam e a civilização se extinguiria rapidamente!

Quando terminar este capítulo, você terá tido a oportunidade de refletir sobre os principais valores escolhidos pelas civilizações e pelos grandes pensadores espirituais ao longo de todos os tempos. Inspirado por eles, você poderá selecionar os princípios da Inteligência Espiritual que mais apropriadamente poderão orientar a sua vida e o seu comportamento e oferecer uma base sólida e estimulante para todas as suas decisões morais, éticas, e outras que precisar tomar.

> O desafio de cada homem é a criação.
> Você criará com grande respeito
> ou com negligência?
>
> (Gary Zukav)

boas notícias dos estudos do cérebro!

Os seus Pensamentos São Reais

As pesquisas mostram que os seus pensamentos não são apenas matéria 'aérea' que existe em alguma terra-do-nunca. Os pensamentos são sinais eletromagnéticos, bioquímicos muito reais que transportam mensagens através da rede das suas células cerebrais — algo como uma cadeia de faróis orientadores que acendem, um após o outro, por todo o território.

Além disso, como abrindo caminho no meio da floresta, cada vez que um sinal eletromagnético, bioquímico (um pensamento) específico segue por essa via em particular, sua recepção se torna cada vez mais fácil (do mesmo modo que o caminho vai ficando sempre mais batido) e a probabilidade de que esse pensamento produza o efeito desejado se torna gradativamente mais certa.

O pensamento negativo resulta em maior negatividade, enquanto o pensamento positivo melhora a saúde, as perspectivas, a criatividade, e mais. Exatamente o mesmo princípio se aplica aos valores. Se os seus valores se opõem à saúde e ao bem-estar seus e dos outros, você aumenta a probabilidade de que a sua vida e a deles seja insatisfatória. Se os seus valores são positivos eles farão bem tanto a você como aos outros.

A repetição de ações relacionadas com os seus valores transforma rapidamente essas ações em hábitos, e esses hábitos formam a base de boa parte do seu caráter e da expressão desse caráter.

O pensamento se manifesta como palavra;
A palavra se manifesta como ação;
A ação se transforma em hábito;
O hábito se consolida no caráter.
Por isso, vigie o pensamento e suas veredas com atenção.
E deixe-o fluir do amor
Nascido do afeto por todos os seres.
(Buda)

Agora que você tem consciência do poder do pensamento, você pode recuperar o controle da sua vida e evitar falsos sentimentos, como o de ser perseguido pela má sorte e por outros semelhantes. *Você* pode ajudar a criar a sua própria boa ou má sorte, e assim *você* pode assumir a responsabilidade por si mesmo e pelas suas ações.

Sinergia

As pesquisas também confirmam que o seu cérebro é sinérgico, isto é, os processos de pensamento se multiplicam e expandem naturalmente, à semelhança do que fazem quando você devaneia ou fantasia.

Assim, se você ocupar a sua mente com valores bons e positivos, eles tenderão a se multiplicar internamente. Essa multiplicação interna se expressará nas suas ações e você começará a influenciar as pessoas ao seu redor. Como o cérebro *dessas pessoas* também é sinérgico, você terá sido responsável por criar um efeito dominó, tanto em si mesmo como nos outros, que propaga o bem. Você se tornará, como o meu Anjo de Misericórdia, um embaixador de valores positivos e da Inteligência Espiritual.

**Quem intervém
influenciando para o bem
participa desse bem;
quem intervém
influenciando para o mal
faz parte desse mal.**
(Maomé)

Verdade e Honestidade — O Estado Natural do Cérebro

Uma das notícias mais animadoras procedentes dos laboratórios que pesquisam o cérebro é a de que os seres humanos são naturalmente honestos e naturalmente interessados pela verdade. De fato, os nossos cérebros são *mecanismos buscadores da verdade!*

Como se explica isso?

A resposta é simples: precisamos conhecer a verdade para sobreviver.

Por exemplo, se você não sabe o que acontece quando um carro de duas toneladas, a 60 quilômetros por hora, colide com um corpo humano relativamente estático, esse pode ser o último ato cognitivo da sua vida!

Você *precisa* saber a verdade sobre cada causa e efeito; precisamos saber o que está acontecendo à nossa volta, tanto o que está dentro do campo de abrangência imediato dos nossos sentidos quanto o que está além dele; *precisamos* conhecer a Verdade.

É por isso que praticamente todos os grandes artistas e cientistas — Newton, Einstein, da Vinci, Cézanne, Dali, Picasso, e outros — disseram que estavam em busca da Verdade.

É por isso também que as crianças insistem tanto na adesão *absoluta* à Verdade e à Honestidade, e ficam arrasadas quando os pais não cumprem o que prometeram ou disseram. A crítica exasperada 'mas isso não é *justo*, você *disse* que...' é uma expressão de raiva; e, mais do que isso, é uma expressão de *medo*.

Medo de quê?

Medo de não ser capaz de Confiar no que a outra pessoa deu a entender ser a Verdade. Medo da incrível e apavorante incerteza produzida por informações contraditórias. Em outras palavras, medo ligado à sobrevivência. Porque se os dados que o cérebro da criança recebe são imprecisos ou contraditórios, e se a criança age baseada nessas informações, ela está totalmente consciente de que as suas possibilidades de sobrevivência estão diminuídas. Exatamente do mesmo modo, os nossos ancestrais das cavernas precisavam ser capazes de Confiar uns nos outros: se alguém dissesse que uma caverna em particular era um bom lugar onde viver, os outros tinham de acreditar que ele estava dizendo a verdade e que a caverna não era de fato refúgio de um grande, feroz e temível urso!

Quando você busca a Verdade, uma busca que é a sua tendência natural e o seu direito natural, você ajuda a sobrevivência de si mesmo e dos outros. Por outro lado, quando você é desonesto consigo mesmo e com outros, você diminui as possibilidades de sobrevivência suas e deles. Você aumenta a probabilidade de que tanto você quanto eles ajam baseados em informações falsas e, portanto, cometam erros no comportamento e na ação que poderiam pôr as suas melhores intenções em risco.

É essa questão filosófica — 'É melhor agir desonestamente por um bem passageiro ou honestamente por uma possível desvantagem momentânea, mas grande proveito a longo prazo?' — que tem sido objeto de muita polêmica no curso dos séculos.

Você, como os grandes gênios de todas as épocas, e o Universo sugerem que a busca da Verdade ao longo do tempo é a melhor opção!

Chegou o momento do Exercício Espiritual. Ao realizá-lo, você poderá refletir sobre uma grande variedade de valores e escolher dentre eles aqueles que você quer que o orientem pelo resto da sua vida.

exercício espiritual

1 Código de Conduta

Nestes tempos de valores morais em célere mudança, de pressões para o prazer e o conforto e do egoísmo cada vez mais exacerbado, ter o seu próprio código de conduta pessoal ou conjunto de valores firmemente arraigados pode tornar a sua vida muito mais fácil. Se você tiver alguns valores sólidos e uma linha clara de comportamento além da qual você não se aventura, mais facilidade você terá para lidar com os dilemas e situações que surgirem.

2 Valores Espirituais

Os Valores Espirituais mais freqüentemente lembrados são:

Verdade	Honestidade	Coragem	Simplicidade
Compaixão	Cooperação	Liberdade	Paz
Amor	Compreensão	Caridade	Responsabilidade
Tolerância	Integridade	Confiança	Pureza
Unidade	Gratidão	Humor	Persistência
Paciência	Justiça	Igualdade	Harmonia

Evidentemente, você pode pensar em alguns mais.

Dentre esses, escolha os '7 Mais' que você julgar mais apropriados como sinalizadores do seu comportamento e como princípios sobre os quais basear a sua vida moral, ética e espiritual.

(É aconselhável incluir Verdade e/ou Honestidade entre eles, pois esses dois formam um sólido fundamento sobre o qual todos os outros podem se assentar.)

3 Faça Mapas Mentais dos seus Valores

Depois de selecionar os 7 Mais, faça com eles um Mapa Mental (como fez no Capítulo 1, página 44). Crie uma imagem que sintetize o seu código de conduta pessoal e projete os sete valores éticos desde o centro como ramos principais. Acrescente em cada ramo palavras que você associa com essa idéia específica, sublinhando ou circundando as que considera mais importantes.

4 Viva os seus Valores

Para cada um dos 7 Mais, pense exatamente como você pode colocá-los em prática — relacione atividades específicas que pode realizar para ter certeza de viver segundo esses valores.

Por exemplo, se um dos seus valores mais importantes é a Caridade, seja generoso com o seu tempo e o seu dinheiro — auxilie no bazar beneficente da sua comunidade ou pelo menos doe alguns pertences que não lhe são mais necessários. Além disso, procure pensar bem das pessoas — inclusive (talvez especialmente) quando elas são descuidadas ou rudes, ou quando você acha que são muito, *muito* irritantes.

Se a Integridade é importante para você, jamais deixe de cumprir o que diz: se um colega de trabalho lhe confia alguma coisa em segredo, não saia espalhando esse segredo para o resto do escritório; se você se considera uma pessoa honesta, entregue a carteira que achou na rua à polícia — não embolse simplesmente o dinheiro, pensando 'Quem achou, ganhou!'.

Vivendo de acordo com os seus valores internos, você evitará todo o *stress* e aborrecimento que consciências inquietas e ações moralmente dúbias geram, e estará usando a sua Inteligência Espiritual para proveito pessoal e para benefício do bem maior!

5 Discuta os seus Valores

Discutindo os seus valores com familiares, amigos e colegas, você alcançará uma compreensão mais profunda de si mesmo, uma depuração do seu pensamento e entenderá muito melhor as pessoas com quem debate.

A troca de idéias sobre os seus valores ajudá-lo-á a convencer-se de que eles *são* realmente importantes para você.

Posso ver que grande parte do infortúnio da humanidade lhe advém da estimativa falsa que ela faz do valor das coisas.
(Benjamin Franklin)

6 Confie em Si Mesmo

Conte com você mesmo e tenha confiança em si. Qualquer pessoa pode lhe transmitir valores, mas, para que sejam eficazes, é preciso internalizá-los; eles precisam tornar-se parte de você. Quando toma essa decisão, quando os seus princípios morais e valores positivos florescem dentro de você espontaneamente, eles se tornam como músculos de aço elásticos que o protegem contra todos os ataques e lhe dão força e poder ilimitados.

Pense o bem, faça o bem, fale a verdade.
(Zoroastro)

7 Lembre-se — suas Ações Importam

Lembre-se sempre de que as suas ações têm *realmente* importância, sejam elas quais forem. Em nossa sociedade acelerada, tendemos a desejar causas e efeitos imediatos; resultados instantâneos ao que fazemos. Mas pense um pouco. Muitas vezes você fez alguma coisa boa simplesmente esperando que os resultados se manifestariam *anos* mais tarde. O meu Anjo de Misericórdia não tinha idéia de que os seus atos de bondade, compaixão e amor resultariam um dia num livro que o retrataria e que seria lido por você!

8 Livre-se de Todos os 'Bloqueios Espirituais'

Reveja a sua vida e examine se ela contém situações que o estão detendo porque você reprime a verdade que quer expressar ou porque tem consciência de alguma ação passada de que se envergonha. Se constatar a presença de uma dessas situações, descubra maneiras de se reabilitar — seja honesto e diga a verdade que quer dizer, procurando fazer com que as ações corretas superem as defeituosas.

9 Modelos de Vida

Escolha sete modelos de vida da história e/ou do presente, pessoas que você considera como exemplos ideais da busca da Verdade e de uma conduta ética/moral/virtuosa. Sempre que enfrentar um dilema moral, use-as como um 'Grupo Mentor' interno de conselheiros. 'Pergunte' a cada uma o que ela faria se estivesse na sua situação. Você ficará surpreso e satisfeito com os resultados! Você também se sentirá reconfortado e fortalecido por saber que tem novos amigos e aliados tão poderosos.

estimuladores do espírito

- A Verdade e a Honestidade são faróis para a minha vida. Estou me tornando cada vez mais honesto comigo mesmo e com os outros e sinto prazer nisso.
- Sou um ser humano ético e moral. Sigo os meus princípios para aperfeiçoar a minha vida e a de todos os que me rodeiam.
- Sou confiável e digno de confiança. A minha promessa é a minha dívida.
- Sou uma pessoa justa. Sou cada vez mais equânime em tudo o que faço.
- Sou uma pessoa digna; oriento toda a minha conduta e a minha vida para o que julgo ser o bem.

visão e propósito de vida

capítulo três

Quando não há visão, o povo não tem freios.
(Provérbios 29:18)

A visão, no sentido de Propósito de Vida, é definida como a capacidade de pensar sobre o futuro e planejá-lo com imaginação e sabedoria, agregando uma imagem mental de como esse futuro poderia ser e será.

Como um visionário em formação você irá refletir sobre o seu futuro com imaginação, sabedoria e uma pequena ajuda de alguns dos maiores pensadores de todos os tempos!

A sua visão, plano ou propósito de vida é o objetivo a que você aspira e é a 'Luz-Guia' da sua vida. Se o seu objetivo é Espiritual, ele precisa se aplicar a você — e além.

A reflexão que segue, de Viktor Frankl, resume isso:

> 'Nós que vivemos nos campos de concentração podemos nos lembrar das pessoas que passavam pelas barracas confortando outras, distribuindo o seu último pedaço de pão. Elas podem ter sido poucas em número, mas demonstram suficientemente que tudo pode ser tirado de um homem, menos uma coisa: a última das suas liberdades — escolher a própria atitude num determinado conjunto de circunstâncias, escolher o próprio caminho.'

É a falta do 'além' nos objetivos que pode levar muitas pessoas aparentemente felizes, bem-sucedidas e em boa situação financeira a perceber que, apesar de todo o seu sucesso e riqueza mundana e material, a sua vida é de fato vazia e sem sentido. A sensação de 'a vida deve ser mais do que isso...' está levando um número cada vez maior de pessoas a reavaliar e mudar radicalmente a sua vida.

Essas pessoas estão desenvolvendo sua Inteligência Espiritual.

Como você perceberá cada vez mais, quanto maior for o seu objetivo de vida, maior será o provável impacto que você causará sobre as pessoas com quem interage e sobre a história. Os objetivos dos grandes líderes espirituais — Moisés, Lao-tsé, Confúcio, Jesus, Buda, Maomé — eram infinitos e eternos. Os atos e a influência deles nos dias de hoje são maiores do que quando estavam vivos.

Neste capítulo, você vai aprender a 'Fórmula da Visão' que desenvolvi para ajudar atletas, estudantes e qualquer pessoa com cérebro que queira aprender a usá-la para obter sucesso. Essa fórmula o ajudará a dar mais sentido e direção à sua vida — estimulando a sua confiança, aumentando o seu interesse pelo mundo que o cerca, capacitando-o a fazer amigos mais facilmente, e proporcionando-lhe surpreendentes reservas extras de força, energia e poder.

a fórmula da visão espiritual

O grande gênio Johann Wolfgang von Goethe, escritor, artista, atleta, político e visionário, oferece-nos palavras muito significativas sobre visão e propósito na vida; elas merecem um instante de reflexão no momento de decidir-se sobre o seu objetivo espiritual:

> 'Enquanto não se assume um compromisso, há hesitação, resistência em prosseguir... Existe uma verdade elementar, cujo desconhecimento mata muitas idéias e planos maravilhosos. Essa verdade é: no momento em que a pessoa se compromete definitivamente, a Providência também se põe em ação. Tudo o que, se não fosse assim, não ocorreria, passa a concorrer para ajudar. Todo um fluxo de eventos brota dessa decisão, suscitando em seu favor incidentes imprevistos e assistência material que ela jamais sonharia que lhe pudessem acontecer. Tudo o que você pode fazer ou que sonha que pode, comece. A ousadia tem gênio, poder e magia em si mesma; comece agora.'

O que isso quer dizer é que quando você depura a sua visão, que é o que você está para fazer, esse novo propósito começará *imediatamente* a afetar o seu comportamento e ação, e deslocará o seu foco habitual, dando à sua vida uma direção que lhe atrairá novas pessoas, novas idéias e novas formas de energia.

A fórmula para criar um propósito de vida eficaz contém três elementos:

1 Ele deve ser conduzido pessoalmente por você (por isso, você precisa dizer 'Eu').

2 Ele deve comprometê-lo a agir (você não pode dizer 'eu gostaria', 'eu espero', 'eu poderia', 'vou tentar').

3 Ele deve ser positivo.

Entre os exemplos extraordinários de objetivos com essas características está o de Isaac Newton, que era simplesmente

'Eu estou buscando a Verdade.'

Em contraste com este, um exemplo de objetivo *in*eficaz seria algo como, 'Vou ajudar a tornar o mundo menos mau'. Ele se concentra no negativo, criando aborrecimentos desnecessários e *stress*.

Chegou o momento para um Exercício Espiritual!

exercício espiritual

1 Tome uma Decisão sobre o seu Objetivo de Vida

O compromisso é fundamental. É essencial que você comece a se comprometer *agora*. A sua visão não precisa ser definitiva ou irrevogável. É importante que você comece a se dedicar a um objetivo que você sabe que beneficiará a você mesmo e aos outros.

Com o passar do tempo e com maior experiência, você poderá ajustar esse objetivo conforme julgar apropriado.

E também não tenha medo de copiar. Se quiser começar com a visão de Isaac Newton ou com a de outros modelos abordados em *O Poder da Inteligência Espiritual*, tome-a emprestado deles!

Depois de escolher a sua visão e propósito e de comprometer-se com eles, você precisa escrevê-los e repeti-los para si mesmo, pelo menos cinco vezes por dia. Cada repetição fortalecerá o compromisso com a sua visão e aumentará a probabilidade de sucesso.

2 Assuma a sua Visão

Definida a visão, lembre-se de que ela é a *sua* visão, unicamente sua. Ela é como um presente especial que o universo lhe deu — um estimulante ou uma vitamina que lhe dá uma energia extraordinária e só lhe faz bem.

O poema a seguir, de William Henley, citado por Martin Booth em seu livro *Industry of Souls*, pode ser-lhe muito útil como lembrete constante e ideal:

> 'It matters not how strait the gate,
> How charged with punishments the scroll,
> I am the master of my fate:
> I am the captain of my soul.'

[Não importa se a porta é estreita,/Se o código está cheio de punições,/Eu sou o senhor do meu destino:/Eu sou o capitão da minha alma.]

3 Ajude Outras Pessoas

Uma verdade mantém-se inabalável. Tudo o que acontece na história do mundo sustenta-se sobre algo espiritual. Se o espiritual é forte, ele cria a história do mundo. Se é fraco, sofre com a história do mundo.

(Albert Schweitzer)

Forme o hábito de colaborar com outras pessoas e com a sociedade. Faça isso com uma atitude positiva.

Por exemplo, se você vê lixo na rua, não recrimine os que são tão inconscientes em termos espirituais e ambientais, que o jogaram automaticamente onde ele está. Não deixe o lixo ali para que outras pessoas passem pela mesma experiência desagradável que você — recolha-o!

Além disso, ajude os outros a desenvolver a mesma consciência espiritual que você adquiriu, incentivando-os a trabalhar na visão de vida *deles*. A melhor ajuda é o exemplo, porque ações sempre falam mais alto do que palavras!

4 Responsabilidade n° 1 — Torne o Mundo um Lugar Melhor

Seja a que for, a sua Visão conterá em si um senso de responsabilidade. Decida que o seu caminho da vida será marcado por acontecimentos e ações, grandes e pequenos, que tornam o mundo um lugar melhor com a sua passagem. Essas ações não precisam ser todas eventos prodigiosos, transformadores do mundo (abolir a fome e a dívida mundial de uma só vez, por exemplo). Pequenas ações também são importantes, e todas se somam à felicidade humana: ceda o seu lugar (gentilmente!) no metrô ou no ônibus a alguém com menos condições de ficar em pé; se alugar um chalé ou apartamento para as férias, deixe-o limpo e arrumado no fim do período, quem sabe até deixando algumas flores frescas para os próximos ocupantes; se puder, plante árvores e flores no seu jardim, ou faça uma doação de mudas ao parque local — você não verá o benefício da sua ação, mas os seus netos verão.

5 Responsabilidade n° 2 — Faça de Si Mesmo um Lugar Melhor!

A responsabilidade é o preço da grandeza.
(Winston Churchill)

Lembre-se, para que a sua Visão se transforme em realidade, você precisa estar em boas condições físicas. Quanto mais saudável você for, tanto mais você poderá colaborar — por isso, cuide da sua alimentação e não esqueça de praticar exercícios regularmente (pelo menos três vezes por semana), para fortalecer o coração e os músculos.

6 Inspire-se nos Outros

Sempre que tiver oportunidade, leia ou converse sobre as grandes figuras da história, especialmente as que se dedicaram ao desenvolvimento espiritual. Descubra quais eram as visões delas e como agiram para transformá-las em realidade. Aprenda as lições que puder, e então esforce-se por aplicá-las!

7 Fique Atento à 'Conversa Interior'

'Conversa Interior' é aquele falar consigo mesmo que ocupa continuamente a sua cabeça. Em geral, essa conversa tende a ser negativa, especialmente em situações de aprendizagem ou de avaliação das próprias capacidades. São comuns frases como 'Nunca vou conseguir fazer isso', 'Sou um idiota', 'Droga, qual é o problema?', 'Sou o pior de todos', 'Não tenho jeito para fazer isso', 'Eu desisto', e outras.

A sua Visão de Vida precisa ser positiva, *e também a sua 'Conversa Interior'*. Se negativa, ela corrói o seu sucesso; se for positiva, ela dará sustentação ao seu sucesso crescente.

8 Fique Atento às Afirmações que Apóiam a sua Visão

Procure regularmente nos meios de comunicação afirmações e lições que apóiem e reforcem a sua Visão. Numa entrevista de televisão recente, o fenômeno do golfe, Tiger Woods, atribuiu sua ascensão meteórica no mundo desse esporte a um dos seus objetivos pessoais mais importantes — aprender com cada experiência: *'No fim de cada tor-*

neio, rever cada tacada e cada buraco, vendo o que eu posso aprender com essa experiência.'

Seja como Tiger.

O seu cérebro nasceu para aprender; por isso, aproveite cada oportunidade, em tudo o que fizer, para rever e aumentar o poder da sua Inteligência Espiritual, incorporando em suas atividades subseqüentes as lições que aprendeu.

Quem não é visionário jamais verá suas esperanças realizadas nem tomará a seu cargo grandes empreendimentos.
(Woodrow Wilson)

9 Lembre-se de que a sua Vida é uma Dádiva

Lembre-se sempre de que a sua vida é uma dádiva preciosa — viva-a bem e plenamente!

estimuladores do espírito

- Quando a minha vida terminar, eu terei deixado um rastro de ações positivas e boas na terra.
- A cada dia, de todos os modos, a minha Inteligência Espiritual está ficando cada vez melhor.
- Sou uma pessoa positiva; distribuo a minha energia positiva para os outros.
- Sou responsável pelo bem-estar meu e das outras pessoas, e aceito essa responsabilidade com entusiasmo e dinamismo.
- A minha vida é o mais magnífico dos presentes. Uso esse presente para dar e contribuir com o planeta que me deu a vida.

compaixão —
compreender a si mesmo e aos outros

capítulo quatro

Nenhum homem é uma ilha, completo em si mesmo; todo homem é uma porção do continente, uma parte do todo; se um pedaço de terra é levado pelo mar, a Europa fica menor, assim como se um promontório fosse levado, como se a herdade dos teus amigos ou mesmo a tua fosse levada; a morte de qualquer homem me diminui, porque faço parte da humanidade;

    Por isso, não mandes perguntar por quem os sinos dobram; eles dobram por ti.

(John Donne)

Compaixão significa ter simpatia e solicitude para com os outros, em pensamentos e ações. É ir ao encontro dos outros com espírito de amor e respeito. Uma pessoa Espiritualmente Inteligente e compassiva tem senso de compromisso para com o seu próximo e assume a responsabilidade de ajudá-lo.

A boa notícia (e para alguns, a tarefa mais difícil) é que a primeira pessoa por quem você deve ter compaixão é *você mesmo!* Você precisa respeitar a si próprio, cuidar-se, comprometer-se consigo mesmo e assumir a responsabilidade de ajudar-se a se tornar tudo o que você pode ser.

A questão central ao reunir as energias dualistas dos nossos relacionamentos é aprender a Respeitar Um ao Outro. Grande parte do modo como reagimos aos desafios externos é determinada pelo modo como reagimos a nós mesmos. Além de todas as relações que temos com as pessoas, precisamos também formar uma relação saudável e amorosa com nós mesmos...

(Caroline Myss)

Só quando sente compaixão por si mesmo, quando a desenvolveu e aprofundou, é que você pode derramá-la para incluir e envolver os outros.

Segundo o Dalai Lama, podemos definir Compaixão, num certo sentido, deste modo:

> 'O sentimento de insuportabilidade à visão do sofrimento de outras pessoas, do sofrimento de outros seres sencientes. Para gerar esse sentimento, precisamos primeiro perceber a gravidade ou a intensidade do sofrimento do outro. Quanto mais compreendemos o sofrimento e as várias formas de sofrimento a que estamos sujeitos, mais profunda será a nossa compaixão.'

Por isso, uma pessoa Espiritualmente Inteligente terá uma *compreensão* muito maior dos outros e das causas e do significado de ações e reações dos outros. Como conseqüência, a pessoa que desenvolveu o poder da compaixão será mais clemente, mais tolerante e deixará que os outros vivam, sem interferir desnecessariamente em sua vida. Como disse Eleanor Roosevelt, *'A Compreensão é uma via de duas mãos'*.

Pense na compaixão como a 'arte de ser feliz'. Ela é a arte de transformar a dor e o sofrimento em felicidade e alegria.

Que objetivo melhor você poderia ter na vida?

Quando aprender essa arte, você será, naturalmente, mais alegre e feliz! No processo, você também se tornará mais aberto e formará amizades mais profundas, baseadas no entendimento e no respeito mútuos. Compreendendo o seu sofrimento e o dos outros, você chegará a um conhecimento maior de si mesmo e da condição humana. Em suma, a sua vida reunirá profundidade, significado, propósito e alegria.

pequenas histórias de compaixão...

Para demonstrar a natureza e a prática da compaixão, ofereço-lhe algumas pequenas histórias sobre esse sentimento.

A História do Monge Tibetano

O Dalai Lama conta a história de um monge do mosteiro Namgyal. Ele foi preso pelas forças de ocupação chinesas e mantido como prisioneiro político em campos de trabalho forçado durante 20 anos, onde passou por muitas torturas, dor contínua e implacável, dificuldades e sofrimentos.

O jovem Dalai Lama perguntou certa vez ao amigo qual havia sido a situação mais difícil que ele enfrentara na prisão.

A resposta não mencionou nenhum sofrimento mental ou físico, nem os sofrimentos dos outros prisioneiros, muitos dos quais haviam sido mortos.

O monge respondeu que o maior perigo que enfrentara havia sido o da possibilidade de deixar de ter compaixão pelos seus algozes chineses!

Muhammad Ali e o Mendigo

Quando estava no auge da fama e do poder, festejado em todo o mundo, certo dia Ali passava pelo bairro pobre do Harlem, em Nova York, seguido (como sempre) por uma multidão de repórteres. Ao descer por uma das ruas cheias de lixo, ele viu um mendigo deitado na sarjeta.

Afastando os repórteres e as câmeras, Ali se agachou e passou algum tempo conversando com o homem. Quando ele se despediu e foi embora, um repórter perguntou ao mendigo o que achava do 'Maior'.

'Ele é o Maior', disse o mendigo.

'Por que você acha isso?', perguntou o repórter.

O mendigo respondeu que Ali lhe perguntara como ele viera parar na sarjeta. E disse que relatara a Ali a triste história da sua vida, sem conseguir conter as lágrimas enquanto falava.

Então ele deu o motivo por que considerava Ali o maior. Disse: 'Eu chorei. *E ele chorou comigo.*'

A História dos Dois Presidentes

Ao discorrer sobre momentos relevantes do seu tempo de presidente, Bill Clinton revelou que o encontro com Nelson Mandela fora um dos mais significativos. Na época do encontro, Clinton enfrentava dificuldades de todos os tipos: os Estados Unidos estavam envolvidos em vários conflitos armados, os trâmites do impeachment contra ele seguiam em pleno curso e a sua autoconfiança estava seriamente afetada.

Mandela fez questão de se aproximar e oferecer ajuda a Clinton, dizendo-lhe que todos cometem erros, e que não são tanto os erros que importam, mas o modo como se lida com o sofrimento que esses erros causam.

Clinton perguntou a Mandela como ele podia ser tão tranqüilo e sereno, especialmente depois de tudo o que havia sofrido durante quase 30 anos de prisão. Ele certamente ainda devia sentir muita raiva e querer vingança.

Mandela explicou que se ele fosse fiel aos seus próprios princípios, a vingança seria irrelevante.

Como o monge tibetano, Mandela destacou o sofrimento e a dor dos que o haviam feito sofrer; ele os perdoou e seguiu em frente — para aplicar suas imensas energias em projetos de transformação do mundo por meio da educação e do desenvolvimento social, em vez de ficar alimentando ressentimentos e desperdiçando essas energias em pensamentos ou ações de vingança.

Clinton relatou que essa conversa o tornou mais compreensivo consigo mesmo, mais compreensivo com os outros, mais comprometido, mais indulgente e mais compassivo.

Esse encontro mudou a vida dele.

confirmando os benefícios da compaixão

Num experimento fascinante para demonstrar os efeitos da Compaixão sobre o corpo, o Dr. David McClelland, psicólogo da Universidade Harvard, mostrou a um grupo de estudantes um filme sobre uma das heroínas de *O Poder da Inteligência Espiritual* — Madre Teresa de Calcutá. O filme mostrava Madre Teresa trabalhando entre os pobres, os doentes e os miseráveis de Calcutá. Os estudantes presentes disseram que o filme os levara a sentir compaixão.

Logo depois da exibição do filme, o Dr. McClelland analisou a saliva dos estudantes e constatou um aumento do anticorpo que ajuda a combater infecções — a imunoglobulina A. Os sentimentos de compaixão ao verem o trabalho de Madre Teresa estimularam o corpo dos estudantes a produzir quantidades maiores desse anticorpo.

Num outro estudo sobre Compaixão, o Dr. James House, do Centro de Pesquisas da Universidade de Michigan, estudou os efeitos do trabalho voluntário com, por exemplo, pessoas doentes e sem-teto. O trabalho que os voluntários faziam obrigava-os a agir com os outros de modo generoso e compassivo por um período de meses e anos.

Os resultados mostraram que a realização desse trabalho compassivo aumentava a vitalidade geral e ampliava enormemente a expectativa de vida dos voluntários.

A compaixão é um salva-vidas, não apenas para aqueles a quem você a demonstra — ela é um salva-vidas também para você!

Agora que você conhece a natureza da Compaixão e tem uma prova da sua eficácia, além de exemplos que a respaldam, você está pronto para o próximo Exercício Espiritual.

exercício espiritual

1 Demonstre Compaixão

**Quando você é cumprimentado
com uma saudação,
faça um cumprimento ainda mais gentil,
ou pelo menos retribua.**
(Maomé)

A capacidade de demonstrar compaixão por seus semelhantes é um dos elementos que podem transformar a sua vida numa alegria ou numa batalha. Todo contato que você estabelece com outro ser humano é uma oportunidade para deixá-lo com um sorriso no rosto e de ambos se sentirem vivificados. Ou então, é uma ocasião para despertar raiva e ressentimento. O que acrescentará mais à qualidade da sua vida e ao seu bem-estar físico e mental? Levando em consideração apenas essa questão, você já está tomando a direção espiritual correta.

2 Exercício de Singularidade

A seguir você encontra a palavra 'Compreensão' escrita no centro de um coração. Do coração brotam dez ramos curvos e orgânicos — muito parecidos com os galhos de uma árvore. A tarefa é a seguinte: escreva nesses ramos as dez primeiras palavras que lhe vierem à cabeça, sejam elas quais forem, quando você pensa no conceito de 'Compreensão'.

　　Durante a realização do exercício, deixe a mente livre, e escreva as 10 primeiras palavras que lhe ocorrerem, por mais incongruentes ou disparatadas que possam parecer. Ao terminar de escrever, volte a lê-las.

　　Depois de concluir o exercício, compare as suas respostas com as de outras pessoas. O que segue são as sugestões dadas pelas minhas editoras ao fazerem o exercício:

ouvir	conhecimento
disposição para ver o ponto de vista dos outros	sensibilidade
tolerância	simpatia
mentalidade aberta	sentimento
deferência	compaixão
empatia	empatia
simpatia	tolerância
veracidade	perdão
sinceridade	iluminação
observação	revelação

A descoberta surpreendente com esse exercício, que realizei em todo o mundo durante 30 anos, é que ele revela a predominância de aspectos da individualidade sobre os da comunidade, numa proporção muito maior do que se poderia esperar!

Isso significa que você, como descobrimos no Capítulo 2, é um indivíduo preciosamente único. Significa igualmente que todas as outras pessoas também são preciosamente únicas! E ainda, significa *também* que compreender as coisas do ponto de vista do outro é uma experiência muito mais complexa, exigente, estimulante e *recompensadora* do que pensávamos até agora.

Pratique esse jogo da 'compreensão' com outras palavras ou conceitos da sua escolha. Ele é mais interessante quando realizado com amigos, familiares e colegas em torno de aspectos que são importantes para vocês; idéias que provocam discordâncias ou conceitos que representam os seus objetivos comuns.

3 Tenha Compaixão pelos seus Semelhantes

Em todas as situações, procure imaginar por que as pessoas agem do modo como o fazem. Procure sempre, de modo especial em situações 'difíceis', colocar-se no lugar da outra pessoa — um antigo ditado dos índios americanos diz: 'Não julgues um homem sem antes ter usado os seus mocassins.' Trate os outros como você gostaria de ser tratado. Isso o ajudará a ver as coisas da perspectiva do outro (que, para ele, é sempre a correta!) e a demonstrar maior compreensão e compaixão por ele. Por sua vez, a sua vida se tornará mais tranqüila e o seu próprio espírito mais calmo e feliz.

Como quereis que os outros vos façam, fazei também a eles.
(Jesus de Nazaré)

4 Não Espere Recompensas

Não espere nenhuma determinada reação ao demonstrar apreço ou compaixão por alguém. Dê sem pensar em proveito ou benefício próprio. Esteja aberto ao modo como a pessoa pode ou não reagir, pois do contrário você apenas criará as condições para uma possível decepção de ambas as partes. Talvez você nunca vá conhecer os possíveis efeitos da sua ação. Saiba, porém, que você é mais feliz por fazer o esforço positivo, e por isso, em algum nível, os efeitos serão positivos. Então sorria, seja feliz, e não espere nada em retorno.

Na verdade, ficar indiferente aos resultados e expectativas é uma das coisas mais difíceis de se fazer, e no entanto é essa atitude que traz as maiores recompensas. *E essa indiferença o protege de todas as mágoas que normalmente acompanham essas expectativas.*

5 Participe de 'Atos de Bondade Ocasionais'

Junte-se ao número cada vez maior de pessoas que praticam 'atos de bondade ocasionais', num movimento que começou nos Estados Unidos e está crescendo em todo o mundo. Esses atos são realizados anonimamente, e podem consistir em algo tão simples como colocar algum dinheiro debaixo da porta de alguém que passa por necessidades ou pagar o pedágio do carro que está atrás.

6 Coopere com os Outros!

Uma atitude de cooperação intensifica o sentimento de compaixão. Assim, encontre formas por meio das quais você possa trabalhar e interagir com as pessoas que o cercam. Disponha-se a ajudar sempre que possível e ofereça sua energia para alcançar objetivos comuns com pessoas que pensam como você. Assim agindo, é provável que você alcance esses objetivos mais rapidamente, e a experiência será enriquecida por ser compartilhada. Quando você trabalha com outros desse modo, algo bom acontece: as suas energias e entusiasmo individuais não são apenas uma parcela a mais para compor o total. Cada um multiplica a energia e a força dos demais para criar um todo que é maior do que a soma de suas partes.

7 Respeite os seus Semelhantes

Cada um de nós é um milagre. Quase todos concordam que a história de vida de cada pessoa contém todo o potencial para produzir um livro campeão de vendas, e isso inclui *você!* Pense bem nisso: Em vez de presumir coisas sobre alguém, seja como um Jornalista Compassivo, e peça às pessoas que lhe falem sobre os aspectos mais interessantes e significativos da vida delas. Descubra as histórias pessoais delas, os maiores momentos que viveram, as lembranças mais memoráveis, os objetivos e crenças que alimentam.

Quaisquer que sejam as circunstâncias atuais da pessoa, ela leva consigo — como Linus arrasta o seu cobertor — tudo o que elas foram e fizeram. Descubra, admire, respeite, valorize!

8 O seu 'Lado Escuro'

Este é um exercício provocador — faça-o quando se sentir preparado!

Saiba que toda pessoa que participa da sua vida e que é especialmente difícil, egoísta ou francamente detestável a você, está aí *especificamente* para ajudá-lo a progredir nos seus Estudos sobre a Compaixão! Veja-as como espelhos que revelam o seu lado escuro oculto e aprenda com a experiência. E lembre-se:

Errar é humano, perdoar é divino.
(Alexander Pope)

9 Jogo da Combinação

Imagine que as pessoas próximas com quem você está se desentendendo, ou que está amando, não são realmente pessoas separadas de você. Elas são *parte* de Você; Você é a combinação de Você e Elas. Em outras palavras, você é um Eu maior.

Dessa nova perspectiva, veja como isso mudaria a sua percepção, seus sentimentos e ações. É particularmente interessante praticar este jogo nas relações de amor/ódio; aluno/professor; chefe/empregado, etc.

10 Confie nos seus Semelhantes

É bem melhor confiar nas pessoas do que não confiar. Muitas pessoas que foram reprimidas ou magoadas se fecham emocionalmente para não voltar a sofrer. Fazendo isso, elas deixam de viver e de sentir, e com o tempo sofrem mais ainda. Dê a cada pessoa que você encontra uma nota '10' e à medida que o tempo passa deixe que elas somem ou subtraiam dessa 'conta'. Examine então se você quer dedicar-lhes mais ou menos tempo. Curiosamente, se você espera o melhor das pessoas e da sua relação com elas — desde a balconista que o atende numa loja até o seu melhor amigo — é muito provável que receba um '10' delas como retribuição!

**Confie nos homens e eles serão autênticos com você;
trate-os com nobreza e eles se revelarão nobres.**
(Ralph Waldo Emerson)

Se aplicar os Princípios da Compaixão aprendidos neste capítulo, você produzirá mudanças significativas nos vários grupos de que participa, especialmente no grupo de negócios e na sociedade política mais geral, que precisam muito desse tipo de ajuda!

Tornando-se um homem (ou uma mulher) de negócios compassivo, você pode mudar a dinâmica tradicional dos negócios, motivada pelos *lucros*, que são gerados pelo ato de ser servido, para a dinâmica de *servir* aos outros, que se torna possível por meio dos lucros. Essa mesma dinâmica se aplica à política, e é especialmente importante para substituir o conceito de poder *externo*, usado para dominar os outros, pela dinâmica que surge da compaixão *interna*, orientada para todas as esferas da vida.

estimuladores do espírito

- A compaixão e a compreensão aumentam sempre mais em mim.
- Sou compassivo comigo mesmo, sempre visando ao desenvolvimento da minha Inteligência Espiritual.
- Compreendo os outros cada vez mais, por isso sou sempre mais generoso e tolerante.
- A minha profunda compreensão do milagre e da complexidade dos outros leva a uma abertura e flexibilidade progressivamente maiores da minha mente.
- Esforço-me constantemente para fazer aos outros o que eu gostaria que fizessem a mim.

dar e receber!
caridade e gratidão

capítulo cinco

Seja a expressão viva da... bondade; bondade no seu rosto, bondade nos seus olhos, bondade no seu sorriso, bondade no seu cumprimento.
(Madre Teresa de Calcutá)

As duas Graças Espirituais da Caridade e da Gratidão são imagens-reflexo uma da outra. A Caridade consiste em ajudar os que necessitam e em ser tolerante ao julgar essa necessidade. Essa palavra deriva do latim *carus*, que significa 'estimado', 'amado'. Para com os que são queridos e amados, temos os braços e o coração abertos, somos magnânimos e generosos. Esse é o espírito da Caridade.

A Gratidão é a Graça oposta. Aqui você recebe atos de caridade, de compreensão e altruísmo e demonstra o seu reconhecimento pela bondade que lhe é oferecida.

Tanto a Caridade quanto a Gratidão nascem da Compaixão, estudada no capítulo anterior. As duas ações podem ser consideradas como uma espécie de respiração Espiritual: Ter Gratidão é 'inspirar' e receber a energia que vivifica; ter Caridade é 'expirar' e devolver essa energia para o ambiente.

Quando pratica a Caridade e a Gratidão, você expande consideravelmente o poder da sua Inteligência Espiritual. Você aprende a 'inalar' e a 'exalar' com ritmo, em vez de 'prender a respiração' o tempo todo. Uma respiração com ritmo o ajudará a se sentir mais relaxado, feliz e 'em harmonia' com o mundo.

Como no desenvolvimento da Compaixão, as recompensas incluirão mais amigos, melhor saúde e riquezas — a unidade de troca *nesse* meio circulante é o sorriso! Também a comunidade maior e o mundo se beneficiarão enormemente.

É verdadeiramente grande aquele que tem grande caridade.
(Tomás de Kempis)

As histórias que seguem têm o objetivo de divertir, informar, tocar e inspirar.

'a campanha de Trevor'

Em 1983, um menino de nome Trevor Ferrell viu um morador de rua em Filadélfia. Ao chegar em casa, ele perguntou aos pais por que o homem dormia na rua fria, e quando soube que era porque ele não tinha casa ou família que cuidasse dele, Trevor pediu aos pais que o levassem à cidade para que pudesse dar ao homem o seu próprio travesseiro e o cobertor amarelo. Eles atenderam ao pedido do filho.

Esse ato de compaixão nascido do coração puro de um garoto de 13 anos deu início à 'Campanha de Trevor'. Desde então, todas as noites, voluntários — adultos e crianças — percorrem as ruas de Filadélfia distribuindo alimentos quentes, cobertores, roupas, afeto e amor — tudo por causa de um jovem. Com o passar dos anos, a Campanha se espalhou, e atualmente crianças e adultos seguem o exemplo generoso de Trevor em vilas e cidades em todo o mundo onde haja desabrigados famintos.

Trevor faz palestras sobre a sua campanha em escolas, câmaras de vereadores, assembléias legislativas, igrejas e reuniões comunitárias. Quando lhe perguntaram se o crescimento da campanha o surpreendeu, Trevor respondeu, 'Jamais imaginei que haveria 1.100 voluntários, três furgões e uma casa para os sem-teto. Tudo o que eu queria era ajudar os desabrigados um dia por vez'.

A atitude de Trevor é a mesma de Madre Teresa de Calcutá (com quem ele trabalhou durante algum tempo na Índia). Alguém perguntou a Madre Teresa por que ela continuava com o seu trabalho, recolhendo moribundos e retirando crianças das ruas, quando o problema simplesmente continuava e o que ela fazia era apenas uma 'gota no oceano' em comparação com os milhares de pobres necessitados. Ela respondeu: *'Sim, é verdade, o meu trabalho é apenas uma gota no oceano, mas por causa da minha gota, o oceano inteiro é maior.'*

aulas de malabarismo

Nos cursos que ministro ao redor do mundo sobre o tema Aprendendo a Aprender e Expandindo o seu Poder Mental, um dos jogos que praticamos é 'Aprendendo Malabarismo', baseado no método desenvolvido por Mike Gelb. O malabarismo é uma oportunidade de aprendizado e um instrumento de ensino perfeitos, porque oferece um reflexo imediato do modo como o nosso cérebro lida com uma nova tarefa de aprendizagem. Ele também favorece avaliações imediatas!

Um aspecto menos alegre dessas aulas divertidas diz respeito às reações dos alunos aos meus elogios sobre o progresso que fazem. Tenham eles feito apenas o primeiro movimento do exercício com três bolas ou completado uma prática complexa e avançada, as respostas que dão aos meus estímulos e aplausos são sempre mais ou menos como estas:

'Não, Não, Não! Eu estava treinando para a próxima etapa.'
'Não está bom, estou emperrado aqui!'
'Não *estava* tão bom assim.'
'Nunca vou ser bom de verdade.'
'Eu poderia ter sido melhor.'

Qual é o tema comum em todas essas respostas?
A negação do eu!

O surpreendente nesse tipo de reação é que, por melhor que seja a execução, a pessoa *sempre* nega a excelência apresentada.

Se alguém estivesse fazendo malabarismo com sete bolas, uma motosserra e uma galinha viva, e eu dissesse, 'Mas isso é incrível!', a resposta seria algo como: 'Bem, não realmente — eu estava tentando me preparar para chegar a *oito* bolas, *duas* motosserras, uma galinha e um peru!'

Se somos criticados e punidos por errar quando somos pequenos e chamados de arrogantes porque nos alegramos com os nossos sucessos, acabamos treinados e habituados a nos punir por praticamente tudo o que fazemos. Rejeitamos e negamos continuamente qualquer elogio.

Há tanta grandeza de espírito em reconhecer uma boa ação como em praticá-la.
(Sêneca)

Pensando que estamos sendo 'modestos', estamos ao mesmo tempo, sutil e involuntariamente, insultando a pessoa que nos elogia. O que as pessoas que eu elogiava pelo seu bom desempenho estavam *de fato* dizendo era: 'Tony, você está errado! Você é um idiota! Como pode pensar que eu estava me saindo bem quando eu sei que não estava?'

Um comportamento bastante indelicado com alguém que tentava ser paciente, conciliador e humilde!

A moral dessa história, certamente, é aceitar agradecimentos com gratidão, e assim agindo, receber os elogios que os outros lhe fazem, por sua vez reconhecendo-os e estimulando-os.

A gratidão é o próprio céu.
(William Blake)

o menino pobre e a educação do mundo

Por volta de 1850, um menino escocês de 12 anos chamado Andrew Carnegie emigrou para Pittsburgh, Pensilvânia. De família pobre, ele foi obrigado a começar a trabalhar muito cedo, primeiro numa tecelagem de algodão, depois como mensageiro do telégrafo e a seguir como funcionário da estrada de ferro, antes de se encaminhar para a indústria do aço.

O jovem Carnegie tinha uma fé extraordinária em si mesmo. Ele trabalhou muito, aprendeu com os próprios erros e chegou rapidamente ao topo na sua profissão. Carnegie finalmente criou a US Steel Corporation, que se tornou a maior empresa do mundo, e ele, justificadamente, o homem mais rico.

Para nós que estamos procurando desenvolver a nossa Inteligência Espiritual, duas coisas em particular se destacam nessa história de vida.

Primeira, Carnegie atribuía quase todo o seu sucesso ao estudo e aplicação do cérebro e dos seus poderes extraordinários à Inteligência Criativa e à Inteligência Espiritual. Ele comentou:

O homem, com toda a sua alardeada cultura e educação, pouco ou nada compreende da força intangível (o maior de todos os intangíveis!) do pensamento. Ele conhece muito pouco no que se refere ao cérebro físico e sua imensa rede ou mecanismo intricado, por meio do qual o poder do pensamento é traduzido no seu equivalente material; mas agora ele está entrando numa era que lançará luzes sobre o assunto.

Carnegie recomendava que *todos*, em *toda* parte, estudassem o cérebro e suas Múltiplas Inteligências!

Segunda, quando se aposentou em 1901, com 66 anos de idade, Carnegie ficou imaginando o que faria com a enorme riqueza que o trabalho intenso, a inteligência e o tino administrativo lhe possibilitaram acumular.

Sua decisão?

Distribuir tudo!

Para quais setores?

Ensino e educação.

Em valores atuais, Carnegie distribuiu mais de cem milhões de dólares para a educação em geral, para bibliotecas públicas, universidades escocesas e americanas, museus, galerias de arte e igrejas em toda a Europa e para o seu próprio Instituto Carnegie, dedicado à distribuição anual de milhões de dólares para a cultura.

Andrew Carnegie transformou-se do industrial de maior sucesso no mundo no educador mais generoso do mundo. Ele provavelmente distribuiu a maior fortuna da história, com o objetivo de elevar os padrões e as oportunidades educacionais dos seus semelhantes.

> ### Iluminando a Garganta do Inferno
>
> Atribui-se a Florence Nightingale a transformação da enfermagem na profissão respeitada que ela é. Florence também serviu de inspiração para milhões de pessoas, que depois dela seguiram o seu exemplo.
>
> Ela trabalhava incessantemente, dedicando-se e sacrificando-se sem reservas para salvar vidas e aliviar a dor e o sofrimento causados pelas condições horrorosas da guerra da Criméia.
>
> Para os soldados que suportavam o vento, a chuva, a neve, a fome e os terríveis ferimentos infecciosos em condições deletérias, Florence Nightingale era um farol de esperança; suas ações práticas, caridosas, levavam fé e inspiração aos desesperados.
>
> Depois da guerra, Florence Nightingale continuou a direcionar as suas energias para ações de ajuda e dedicação aos outros. Ela revolucionou a enfermagem e os hospitais — sendo responsável pela construção de hospitais com alas bem iluminadas e ventiladas. O famoso St. Thomas Hospital, Londres, é apenas um exemplo do seu trabalho.

Mapa Mental — Resumo do Capítulo 1

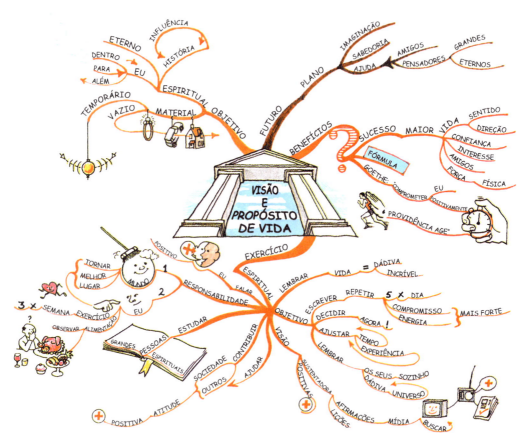

Mapa Mental — Resumo do Capítulo 3

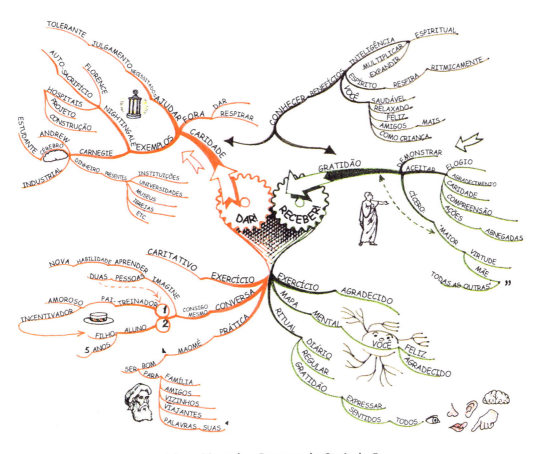

Mapa Mental — Resumo do Capítulo 5

Mapa Mental — Resumo do Capítulo 6

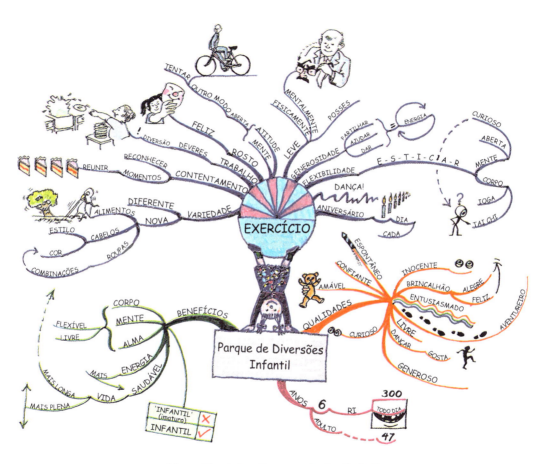

Mapa Mental — Resumo do Capítulo 7

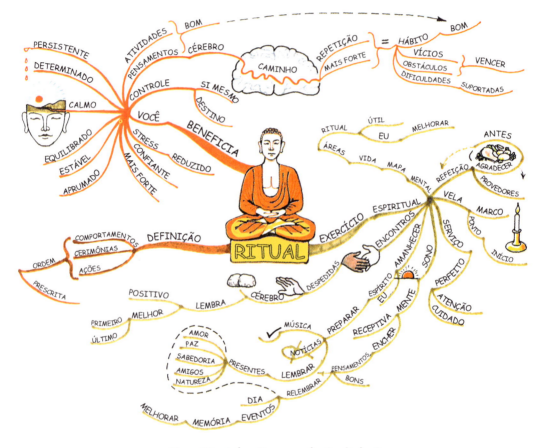

Mapa Mental — Resumo do Capítulo 8

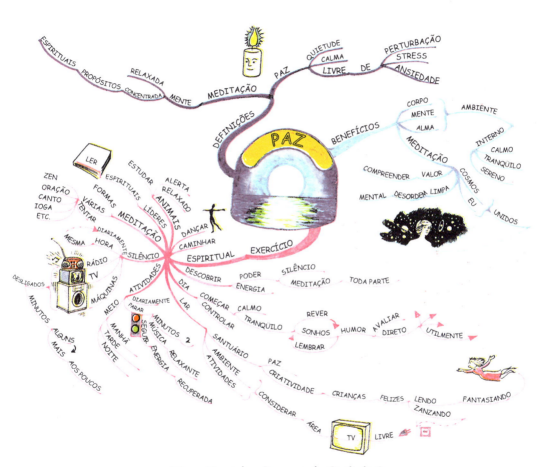

Mapa Mental — Resumo do Capítulo 9

Mapa Mental — Resumo do Capítulo 10

É o trabalho de pessoas de grande Inteligência Espiritual como Andrew Carnegie e Florence Nightingale que lançou as bases da visão moderna voltada para as instituições de caridade. No início do século 21, são milhares as organizações que levantam grandes somas de dinheiro todos os anos para causas caritativas em todo o mundo, todas dedicadas à melhoria das condições humanas.

Entretanto, não são apenas os 'grandes' atos de caridade que contam; as pequenas doações individuais de dinheiro, bondade ou tempo (o que provavelmente é até mais importante neste mundo incrivelmente agitado em que vivemos) que todos podemos fazer têm o mesmo valor.

...Essa é a melhor porção da vida de um homem bom;
Seus pequenos, anônimos, esquecidos atos
de bondade e de amor...
(William Wordsworth)

exercício espiritual

Você pertence a uma Raça Caridosa e vive num Planeta cada vez mais Caridoso! Como habitantes privilegiados deste planeta, temos condições extraordinárias de agir caridosamente com relação às centenas e centenas de pessoas que têm grande necessidade dos nossos atos de bondade. Por isso, é recomendável manter o seu Eu Caridoso sempre alerta.

1 A quem Devemos Ajudar?

Pratique o que o grande mestre espiritual Maomé recomendava:

*'Seja bom para os seus pais
e parentes,
para os órfãos e os pobres,
para os vizinhos próximos
e os vizinhos distantes,
para o companheiro ao seu lado,
para o viajante
e para as suas palavras.'*

De fato, dar esmolas é uma das principais práticas das grandes religiões do mundo. A doação caridosa é um dos cinco 'pilares' da fé islâmica e um princípio central tanto da prática judaica como da cristã; os budistas e os hinduístas também a praticam.

A caridade vê a necessidade, não a causa.
(Provérbio alemão)

2 'Conversa Consigo Mesmo'

Examine e observe novamente a sua conversa consigo mesmo, como fez no Capítulo 3, mas agora de um ângulo diferente. Observe-a da perspectiva de ser *caridoso* para consigo mesmo, e procure fazer o seguinte exercício cerebral:

> Imagine que sempre que está aprendendo alguma coisa nova, você se divide em duas pessoas: a primeira é Você 'pai/mãe'; a segunda é Você 'filho com cinco anos de idade'.
>
> O você-pai assume o papel do treinador, o você-filho o do aprendiz. Você-pai reage a você-filho como um pai/treinador amoroso e cuidadoso reagiria. Você usa palavras de incentivo, como 'Sim!'; 'É isso aí!'; 'Muito bem!'; 'Você vai ser um gran-

de malabarista/jogador de futebol/guitarrista, etc.!'; 'Esse foi um erro interessante!'; 'Tente outra vez!'; 'Tente de novo!'; 'Mais uma vez!' 'Você consegue!'; 'Muito bem!'

Ser caridoso consigo mesmo dessa forma lhe dará um grande estímulo e um enorme prazer em seu aprendizado. Você também descobrirá que você-filho aprende incrivelmente bem, e o inundará de gratidão e afeto!

3 Mapa Mental

Procure fazer um Mapa Mental de *tudo* aquilo na sua vida pelo qual você pode ser agradecido. Não se concentre apenas nas coisas óbvias — amigos, família, saúde; pense também nas pequenas coisas: a capacidade de sentir o sol no rosto ou uma brisa suave na pele; os sentidos do paladar e do olfato, o modo como você ouve as pessoas e se relaciona com elas, e assim por diante.

Quando contemplamos profundamente a essência de uma flor, vemos nela nuvens, o sol brilhante, minerais, o tempo, a terra, e tudo o que existe no cosmos. Sem nuvens não haveria chuva, e sem chuva não haveria flor.
(Thich Nhat Hanh)

4 Aprecie as Pequenas Coisas, e EXPRESSE esse Apreço!

Use palavras e expressões de consideração ao longo do dia, para as pessoas com quem você trabalha e convive e também para as que apenas passam ao seu lado. É espantoso como uma rápida saudação ou um 'muito obrigado' pode melhorar o dia de uma pessoa. Lembre-se — todos os seres humanos têm a mesma necessidade de Apreço e Compaixão e gostam disso. Elogie as pessoas que o servem e o ajudam — balconistas, garçons, coletores de lixo, varredores de rua, faxineiros, motoristas de ônibus — e *especialmente* as que têm tarefas 'horríveis', sem cujo trabalho a vida seria muito desagradável. Demonstre admiração por seus amigos e colegas, e por seus chefes e patrões. É interessante, mas as pessoas que estão 'no topo', ao contrário do que todos em geral acreditam, muitas vezes são menos apreciadas do que as que estão em níveis mais baixos. Por quê? Porque todos supõem que as outras pessoas as apreciam!

5 Apóie a sua Comunidade Local

Apóie a sua comunidade local doando roupas que você não usa mais para o bazar de caridade ou para a festa planejada para levantar fundos para a escola — ou preste algumas horas de ajuda voluntária. Você poderia ainda cuidar do filho de algum vizinho durante certo tempo ou orientar um colega no trabalho — as possibilidades para ações de caridade são infinitas.

6 Apóie a Grande Comunidade

Com freqüência quase demasiada, calamidades naturais, como terremotos, inundações e fome generalizada, são noticiadas pelos meios de comunicação, e os nossos jornais e televisões estão cheios de fotos e imagens de pessoas em situações desesperadoras. Nessas emergências, procure doar dinheiro, roupas quentes ou tempo para os esforços de recuperação. Centenas de pequenas ações, quando reunidas, formam uma contribuição imensa para aliviar o sofrimento das pessoas.

7 Lembre-se da sua Condição Favorável

Nunca sabemos se um fato terá um efeito benéfico ou pernicioso sobre a nossa vida; por isso, procure ver tudo o que acontece como uma 'bênção'.

Uma antiga história chinesa conta que o cavalo de um camponês se extraviou; os vizinhos acorreram à casa dele para lamentar o fato e dizer da má sorte que o atingira; o camponês reagiu dizendo apenas, 'Será mesmo?' No dia seguinte, o cavalo voltou, acompanhado por outro, e os vizinhos disseram que era um golpe de sorte; outra vez, o camponês respondeu, 'Será mesmo?' No dia imediato, o filho do camponês quis montar no cavalo novo, mas foi jogado ao chão e quebrou a perna. Novamente os vizinhos apareceram para lastimar a falta de sorte da família e outra vez o camponês replicou, 'Será mesmo?' No dia seguinte, oficiais do exército imperial chegaram no povoado para convocar soldados para a guerra. Todos os jovens foram recrutados, menos o filho do camponês, que estava com a perna quebrada.

estimuladores do espírito

- Sou uma pessoa caridosa e gosto de fazer doações.
- Sou generoso por natureza, e estou fortalecendo esse aspecto do meu caráter.
- Sou uma pessoa solícita e preocupada, sempre disposta a estender a mão.
- Adoro receber ajuda, carinho e presentes dos outros, e demonstro isso abertamente e com entusiasmo. O meu modo de receber *permite* que elas dêem. O modo como elas dão permite que elas *recebam*.
- Sou uma pessoa bondosa e amável, sempre pensando nas necessidades dos outros.
- A minha profissão de fé é a bondade.

o poder do riso

capítulo seis

Ria e o mundo rirá com você.

(Ella Wheeler Wilcox)

É verdade! Ria e o mundo *rirá* com você! O senso de humor é uma das principais qualidades da Inteligência Espiritual. Ao mesmo tempo em que reduz o *stress*, ele promove a melhora geral da saúde e atrai um número maior (e mais feliz) de amigos. Ele favorece uma vida de mais satisfação, alegria e entusiasmo.

O humor ajuda-o a colocar as coisas em perspectiva e deixa tudo mais tranqüilo. Ele tem um método excelente de dissipar a tensão e de unir pessoas de todas as camadas sociais. Ele é um elo comum a toda a humanidade.

> Tive a oportunidade de sentir na pele o poder do humor durante a década de 1970. Uma manifestação estudantil relativamente pequena, de repente se transformou numa revolta de milhares de pessoas, que se apinhavam na pequena praça diante da Embaixada Americana em Londres.
>
> Eu passava distraidamente pela praça, quando me vi encurralado perto da linha de frente, onde policiais a cavalo controlavam a multidão cada vez mais hostil. O ambiente começou a ficar pesado e as pessoas estavam a ponto de entrar em pânico.
>
> Inesperadamente, quase à porta da embaixada, um jovem estudante subiu nos ombros de um amigo e começou a distrair a multidão com comentários e observações espirituosas sobre o que estava acontecendo, representando como um cômico no palco. Todos os que estavam na zona de perigo, inclusive os policiais, ficaram magnetizados com essa apresentação. Eu pude ver claramente a tensão diminuir, o ódio enfraquecer, o medo ceder e um estado de relativa calma tomar conta da multidão. O jovem continuou por cerca de meia hora, usando uma arma extraordinária — o humor — para salvar os companheiros de prováveis ferimentos graves.

o poder do humor

O riso é a música mais civilizada do mundo.
(Peter Ustinov)

O humor, como a emoção, a arte e a música, muitas vezes tem sido erroneamente relegado às capacidades mentais 'mais fracas'. Na verdade, ele é uma das mais fortes.
Reflita sobre o seguinte:

A Força de Vida

O riso é realmente o melhor remédio! Norman Cousins, o famoso autor, recebeu a notícia de que estava com câncer em estado terminal. Cousins se recusou a aceitar essa sentença absoluta e começou imediatamente a pesquisar sobre os melhores tratamentos e remédios, e escolheu a arma insuperável... o humor!

Ele se cercou de livros e de filmes humorísticos, de publicações de piadas e de amigos espirituosos. O câncer ficou sem ação diante da saraivada de balas de canhão das suas gargalhadas. Ele saiu do hospital como um homem mais saudável e muito, muito mais feliz.

Humor e Sexo

Somos levados a acreditar que o corpo e as partes que o compõem, especialmente os olhos, os lábios, os seios, as coxas, as nádegas e os genitais, são os principais atrativos sexuais.

Entretanto, todas essas partes perdem para 'o senso de humor' — citado em pesquisa após pesquisa como o traço sexualmente mais atraente. Por quê? Porque o riso abre a mente e os sentidos, pré-requisitos para a intimidade e as relações sexuais.

Cartuns

Essas doses diárias de humor visual e verbal estão estatisticamente entre os tópicos mais populares que as pessoas em todo o mundo lêem nos jornais diários. Editores experientes dos principais jornais lhe dirão que, se um único desenho popular regular é interrompido, o jornal pode perder dezenas de milhares de assinantes. Quando você sorri ou ri, o cérebro instrui o corpo a liberar 'hormônios da saúde'. Os cartuns são uma dose diária de humor quase tão eficaz quanto 'uma maçã por dia'!

Humor na Guerra

Qual é a arma mais eficaz que os exércitos usam? O humor! Durante uma guerra, as tropas gastam milhões de dólares promovendo grandes excursões de comediantes, em que centenas de milhares de soldados e funcionários militares recebem 'injeções de energia' regulares de distração e riso. As excursões de Bob Hope entre os militares americanos são um bom exemplo disso.

Várias forças armadas estão hoje criando programas específicos para que os seus militares aprendam a manter o moral elevado caso sejam capturados.

O Bobo Sábio

Shakespeare, um dos escritores mais argutos de todos os tempos, percebeu que o humor era uma das formas mais elevadas de inteligência. Por isso, ele normalmente transformava o Bobo de suas peças não apenas no personagem mais espirituoso, mas também no mais sábio de todos. Ele disse inclusive explicitamente em *Twelfth Night*: '*Este rapaz é sábio o bastante para representar o bobo; e para fazer isso bem-feito é necessário um tipo de sagacidade.*'

Comediantes como Ícones e Estrelas

Através da história, os comediantes têm sido estrelas nacionais e internacionais, influenciando decisivamente a cultura popular. Pense no impacto produzido por Charlie Chaplin, Danny Kaye, Laurel e Hardy, Bob Hope, Tony Hancock, Lucille Ball, Phil Silvers, Norman Wisdom e os grupos The Goons e The Monty Python.

Milhões de pessoas afluem regularmente aos espetáculos de comediantes e assistem aos seus programas de televisão e filmes, porque eles oferecem um ingrediente vital para a dieta do cérebro: o riso. Com a sua, esses gênios estimulam a Inteligência Espiritual de muitos outros. Eles nos ajudam a superar as nossas ansiedades e preocupações, e ao rirmos com eles nos distanciamos das nossas aflições, vendo as situações a partir de novas perspectivas — e aumentando assim a nossa saúde, a nossa expectativa de vida e a nossa felicidade!

O Riso Vence a Dor

Hospitais relatam que são bem menos freqüentes as queixas de dor quando os pacientes são distraídos por pessoas que os fazem rir. Estudos fisiológicos também mostram que o riso aumenta a produção dos analgésicos naturais do corpo, ao mesmo tempo em que fortalece o sistema imunológico.

rir para ter uma vida mais feliz, mais saudável e mais longa

O Dr. Michael Miller, Diretor do Centro de Cardiologia Preventiva da Universidade de Baltimore, encontrou evidências diretas de que um senso de humor ativo pode ajudar a prevenir doenças cardíacas. Os estudos mostraram que as pessoas que riem com freqüência e vêem o lado engraçado das coisas, especialmente quando as situações são 'difíceis', têm muito menor probabilidade de sofrer um ataque cardíaco do que as mais 'sérias', que sorriem pouco.

Os pesquisadores usaram um questionário que avaliava se a pessoa tinha ou não *joie de vivre* suficiente para protegê-la de ataques ou doenças cardíacas de maior ou menor gravidade. Aos voluntários do estudo foi perguntado como reagiriam a situações do dia-a-dia, como chegar a uma festa e encontrar alguém vestindo uma roupa igual ou ver o garçom derramando sopa no colo deles.

Metade das pessoas pesquisadas havia sofrido ataques cardíacos ou fora tratada de obstrução arterial. As respostas dessas pessoas foram comparadas com as do grupo de controle, formado por pessoas que tinham a mesma idade, mas sem histórico de problemas cardíacos.

Os resultados foram sombrios para aquelas almas menos felizes: o grupo saudável mostrou 60% maior probabilidade do que o outro de rir em situações como as descritas acima.

Os médicos acreditam que o riso libera substâncias químicas que beneficiam a vida e estimulam o sistema imunológico. Já foi estabelecida uma relação, por exemplo, entre o riso e os anticorpos que ajudam a evitar resfriados.

Se você quer testar a sua condição riso/saúde, a seguir estão algumas perguntas baseadas no trabalho do Dr. Miller. Para cada pergunta, uma resposta (a) conta 1 ponto; uma resposta (b), 2 pontos; uma resposta (c), 3 pontos; uma resposta (d), 4 pontos; e uma resposta (e), 5 pontos. Seja honesto consigo mesmo — isso pode ajudar a salvar a sua vida!

1 Se estivesse assistindo a um programa de TV com amigos, e só você achasse graça, como você reagiria?

(a) Concluiria que você deve ter entendido mal.
(b) Riria de si mesmo, mas o riso não chegaria aos seus lábios.
(c) Sorriria visivelmente.
(d) Riria alto.
(e) Riria com entusiasmo.

2 Você é acordado de madrugada por um velho amigo que lhe telefona para dizer que está na cidade e quer cumprimentá-lo. Ele está muito bem-disposto e satisfeito, a ponto de ensaiar uma ou outra piada. Como você reagiria?

(a) Você se divertiria.
(b) Você se divertiria, mas não riria.
(c) Você riria com alguma coisa engraçada dita pelo amigo.
(d) Riria e daria alguma resposta espirituosa.
(e) Riria muito e com entusiasmo com o amigo.

3 Você está num restaurante com os amigos e um garçom derrama uma bebida gelada em você. Qual seria a sua reação?

(a) Não acharia graça.
(b) Acharia graça, mas certamente não demonstraria.
(c) Sorriria.
(d) Riria.
(e) Riria muito.

4 A mesma situação anterior, exceto que dessa vez o garçom derrama a bebida gelada num dos seus amigos. Como você reagiria?

(a) Não acharia graça.
(b) Acharia graça, mas não demonstraria.
(c) Sorriria.
(d) Riria.
(e) Riria muito.

Quanto mais baixa a sua pontuação, maior o risco de você sofrer de uma doença cardíaca. Quanto mais alta a sua pontuação, menor o risco de ter algum problema cardíaco.

Histórias de Prisioneiros de Guerra

Uma descoberta semelhante vem sendo revelada por pesquisas realizadas ao redor do mundo com sobreviventes de campos de prisioneiros de guerra.

Parecia surpreendente no início (embora com o avanço dos nossos conhecimentos seja bastante previsível), mas aqueles que viam *apenas* o lado desesperador e horrível da situação tinham menor probabilidade de sobreviver do que aqueles que conseguiam ver também o lado grotesco de tudo. Os desse segundo grupo tinham muito maior probabilidade de sobrevivência a longo prazo.

De novo, a explicação para este fato parece estar nas substâncias químicas liberadas pelo corpo quando ele se sente de bom humor e 'brilhante' e, por outro lado, nas substâncias químicas restritivas liberadas quando ele se sente deprimido e sem esperança.

Um homem é feliz na medida em que escolhe ser feliz.
(Alexander Solzhenitsyn)

histórias de riso

Em geral se supõe que a Espiritualidade deve ser um 'negócio sério', e que o humor e o riso não fazem parte de uma vida orientada para essa dimensão humana. Felizmente, porém, o oposto é que é verdadeiro.

Essa falsa crença decorre do fato de que pessoas fotografadas em meditação ou oração geralmente aparecem 'sérias' e porque as qualidades de Compaixão, Compreensão e Caridade normalmente estão relacionadas com problemas verdadeiramente sérios de dor, fome e sofrimento de outras pessoas.

Tendemos a considerar uma pessoa espiritual como alguém que não teme enfrentar o sofrimento, a dor e a morte. É diante dessas realidades — e procurando aliviar a angústia que causam — que a pessoa Espiritualmente Inteligente se volta para o riso.

Maharishi e o Riso

No início dos anos de 1970, Peter Russell, da Universidade Cambridge, foi um dos primeiros acadêmicos a estudar, em profundidade, as técnicas de meditação e seus efeitos sobre o corpo e a mente. O seu foco principal era a recém-popularizada (graças aos Beatles) Meditação Transcendental.

Peter relatou um fato estranho e esclarecedor: contrariando todas as expectativas, o líder da escola de MT, Maharishi, ria mais do que qualquer outra pessoa à sua volta! Enquanto todos procuravam 'descobrir' o 'segredo', Maharishi o demonstrava segundo a segundo diante deles!

Maharishi explicava que quando se consegue libertar o espírito, ele evidentemente fica livre para fazer as coisas de que mais gosta, e uma delas é rir!

É interessante observar que quando dizemos que alguém é 'espirituoso', nós o consideramos pleno das alegrias da vida, sempre cheio de energia e feliz. Devemos manter esse aspecto positivo da nossa Inteligência Espiritual no ponto mais alto da nossa mente (feliz).

O Homem Vence a Máquina

Em 1992, o campeão mundial de damas/xadrez, Dr. Marion Tinsley, de 65 anos de idade, que em 40 anos perdera apenas 5 jogos, foi desafiado para um Torneio Mundial por um computador, programado para calcular incríveis dois milhões de movimentos por segundo!

Em todas as entrevistas antes da competição, o Dr. Tinsley se mostrava sempre relaxado e confiante, rindo e brincando normalmente sobre a máquina e suas capacidades — capacidades que todos consideravam imbatíveis.

Durante os 10 dias, 40 confrontos, o Dr. Tinsley sempre manteve a sua personalidade jovial, alegre e esperançosa, levando tanto a platéia como os entrevistadores às gargalhadas com os seus chistes e respostas espirituosas.

Então, depois de derrotar a 'máquina imbatível' e ser declarado vencedor da competição, ele se levantou da cadeira e, com o semblante radiante, elevou as mãos ao céu e disse: 'Uma vitória para o Espírito Humano!'

Chegou a hora de você elevar o *seu* espírito com um Exercício Espiritual!

exercício espiritual

Neste Exercício Espiritual você aprenderá a iluminar a sua atitude mental e a sua energia espiritual. No final, você se sentirá espiritualmente revigorado, com um senso muito maior de humor e prazer.

1 Cultive Amizades Divertidas

Procure sempre ter no seu círculo de amigos pelo menos dois que o façam rir. Convide-os regularmente para eventos sociais e festas, e fique atento a novos amigos cuja companhia seja divertida.

2 Vá ao Cinema ou ao Teatro

Crie o hábito de assistir a filmes e peças teatrais humorísticos, e dê sonoras gargalhadas junto com os demais integrantes da platéia. Isso será como uma dose regular de remédio para você.

3 Sorria e o Mundo Sorrirá com Você

Pratique o exercício simples de 'captar' o olhar das pessoas na rua e de sorrir para elas. Você perceberá que em geral até o mais sério dos semblantes retribuirá o sorriso.

4 Aprenda com os Prisioneiros de Guerra

Mesmo nas situações mais horríveis e deprimentes, procure manter o espírito elevado. Assim fazendo, você reduzirá a dor, aliviará o seu sofrimento e aumentará as probabilidades de sobreviver à situação. Imagine-se narrando a sua situação com humor — contando a história de um episódio deplorável; de uma humilhação pública graças a alguma coisa profundamente embaraçosa que seu filho disse ou fez; um deslize espetacular no trabalho — como se fosse um esboço de comédia.

Quem perde a riqueza, perde muito; quem perde amigos,
perde mais; mas quem perde o seu espírito, perde tudo.
(Provérbio espanhol)

5 Torne-se um 'Doutor Riso'

Sabendo que o riso é bom para a sua saúde, aplique as novas forças no desenvolvimento da Compaixão, da Compreensão e da Caridade para ajudar outras pessoas a se manterem saudáveis, fazendo-as sorrir e rir. Crie oportunidades para que os seus amigos e colegas se divirtam e riam. Pratique a arte de contar anedotas, fazendo mímica e comédia de si mesmo.

Não se esqueça de você também tomar esse remédio! Aprenda a rir de si mesmo. Isso lhe dará novas perspectivas sobre você mesmo e acrescentará novas dimensões à sua personalidade ao mesmo tempo em que aumentará a sua criatividade.

6 Livros para Rir

Ajude-se no exercício anterior comprando livros de desenho, de anedotas e humor. Eles proporcionam intervalos excelentes de alegria durante o dia ou leitura para a noite. Eles elevarão o seu espírito e lhe possibilitarão 'passá-los adiante' para que divirtam e elevem o espírito também dos seus amigos.

7 Torne a sua Vida Mais Fácil

Franzir as sobrancelhas exige muito mais esforço muscular do que sorrir! Um franzir profundo normal das sobrancelhas precisa de muito mais músculos do que um grande sorriso normal. Tome o 'caminho mais fácil' e *sorria*!

8 Que Semblante Assumir?

Procure franzir o cenho para um bebê, e em seguida procure sorrir-lhe. Você verá que em geral o bebê imitará a sua expressão. Essa reação não se restringe aos bebês, mas é um traço humano natural!

Tome uma decisão consciente sobre o 'semblante' que você apresenta ao mundo e sobre os resultados que você quer obter com esse semblante.

9 Exercício com o Riso

Na próxima vez que rir, observe o que acontece com o seu corpo. Veja o tipo de respiração e os músculos envolvidos. Você descobrirá que está se propiciando um dos exercícios físicos mais completos e fáceis de fazer!

De agora em diante, use o Riso como uma forma de exercício físico e como prática para a manutenção da saúde.

10 Faça Alguma Coisa Divertida

Faça um curso de 'habilidades circenses'; aprenda dança do ventre; tente esquiar no gelo — seja o que for que escolha, torne-o diferente e estimulante. Melhor ainda, faça isso com um grupo de amigos!

estimuladores do espírito

- Sou uma pessoa cada vez mais feliz; sorrio sempre que posso.
- Vejo sempre mais o lado divertido das coisas e divulgo essa 'boa notícia' para a minha família e amigos.
- Sou normalmente alegre e introduzo uma sensação de leveza na minha vida e na vida das outras pessoas.
- Alimento esperanças de um futuro positivo para mim e para o mundo.
- Eventos surpreendentes e resultados incomuns deliciam o meu espírito. Essas coisas colocam sorrisos na minha face e gargalhadas no meu coração.
- Adoro estar em boa companhia, com pessoas divertidas e alegres, e rir muito com os meus amigos.

rumo ao parque de diversões infantil

capítulo sete

... aquele que não receber o Reino de Deus como uma criança, não entrará nele.
(Jesus de Nazaré)

As crianças são expoentes naturais da Inteligência Espiritual, e para estimular a nossa espiritualidade seria recomendável observá-las e aprender com elas.

Isso não significa que devemos reverter a um comportamento infantil, mas que devemos nos assemelhar mais com as crianças no nosso modo de ver as coisas, redescobrindo as qualidades que tendemos a perder à medida que os anos passam, entre as quais:

- energia e entusiasmo ilimitados
- amor incondicional
- contentamento
- espontaneidade e arrebatamento
- sentido de aventura
- sinceridade e confiança
- honestidade
- generosidade
- curiosidade e atitude inquiridora
- capacidade de encantar-se e admirar

Abrindo-nos novamente a esse modo de ver a vida, aumentamos extraordinariamente a nossa Inteligência Espiritual e a nossa pura *joie de vivre!* Além disso, com o aumento da curiosidade e do entusiasmo, manteremos nossa mente e nosso corpo saudáveis e ativos — e assim poderemos viver uma vida mais longa e de melhor qualidade, cheia de dinamismo, alegria e sucesso.

Você terminará este capítulo com a resolução de livrar-se de atitudes *infantis* (o que significa egoísmo, malevolência, etc.) e assumirá características mais espirituais, como as da criança inocente.

As crianças são apóstolos de Deus, enviadas a cada dia para pregar amor, esperança e paz.
(James Russell Lowell)

os melhores dias da sua vida!

Por que a fase da infância em geral é qualificada como idílica?

É que, felizmente para a maioria de nós, esse é um período em que vivemos quase que num paraíso espiritual. Vivemos num universo inteiramente novo que nos surpreende; exploramos ativamente todos os reinos do conhecimento e fazemos perguntas estimulantes e provocativas; examinamos os nossos sistemas éticos e observamos 'como as pessoas funcionam'; os que nos são próximos e mais queridos nos amam e demonstram compaixão por nós; recebemos educação e oportunidades; pesquisamos os mundos maravilhosos do riso e do entusiasmo; e somos treinados de formas que asseguram a nossa sobrevivência futura.

Depois desse período relativamente paradisíaco, começam as obrigações cada vez maiores da vida cotidiana: contas, impostos, hipotecas, responsabilidades da vida adulta, dores e doenças, e o bombardeio diário de más notícias transmitidas pela mídia.

O problema que se manifesta à medida que amadurecemos, em geral não é tanto *o que* acontece conosco, mas como *reagimos* ao que acontece. Tendemos a ficar mais sérios e austeros conosco; nos punimos pelos fracassos e perdemos nosso senso de diversão.

Felizmente, é fácil reverter essa tendência para voltarmos ao entusiasmo da infância.

Tudo o que você precisa fazer é decidir-se a viver a sua 'segunda infância'. As histórias a seguir mostram como isso pode ser feito:

Caranguejos no Frio

Duas famílias, com seus filhos pequenos e seus adolescentes, foram passar as férias de inverno à beira-mar. As crianças resolveram pegar caranguejos. Juntando o material necessário, correram para o píer próximo e lançaram seus anzóis nas ondas revoltas.

O dia estava frio, tempestuoso, e enquanto as crianças pegavam caranguejos, os pais caminhavam na praia varrida pelo vento. Um dos pais, executivo sênior de uma empresa, se queixava desde o início do tempo e do frio, e em geral estava de mau humor.

Quando passavam pelo píer, ele perguntou aos demais o que as crianças estavam fazendo. Quando soube que estavam pegando caranguejos, ele resolveu ir até elas e dar uma olhada, pois nunca havia feito uma coisa assim quando pequeno.

Ele foi até as crianças e pediu que lhe explicassem o que estavam fazendo. Exultante, uma das meninas puxou a sua linha, junto à qual quatro grandes caranguejos se deliciavam felizes com sua refeição.

'É fantástico!', disse o pai. 'Nunca fiz isso em toda a minha vida — posso tentar?'

Durante as quatro horas seguintes ele voltou a ser criança, totalmente absorvido e perdido na magia e no fascínio do seu novo jogo, completamente esquecido do mau tempo. Ele voltou para casa agitando orgulhosamente no ar os seus próprios troféus, o rosto corado e o corpo e o espírito aquecidos.

> **Febres não São Maluquices**
>
> Outra história familiar também se refere a um grupo em férias. Os ioiôs haviam se tornado novamente uma febre popular, e as seis crianças do grupo tinham cada uma o seu, novo.
>
> Um dos pais era diretor-gerente de um banco internacional. Não importa onde estivesse, e especialmente (para horror de todos) nas excursões da família (porque tinha 'mais tempo'), ele sempre levava a sua pasta de executivo. A pasta era acompanhada pelo celular, que ia com ele a todos os lugares. Ele pedia desculpas sempre que o telefone tocava, explicando que se tratava de negócios internacionais importantes que ele simplesmente tinha de atender.
>
> Na primeira tarde das férias, as crianças apareceram com os seus ioiôs. Esse homem, que em saídas anteriores sempre fora o mais soturno e enfadonho membro do grupo, transformou-se quando viu os ioiôs chegando.
>
> Com um pulo de satisfação, ele pediu às crianças que lhe emprestassem um deles. Acontece que, quando era pequeno, ele fora o 'rei' do ioiô da sua escola.
>
> Hora após hora ele demonstrou todas as suas técnicas, ensinou as crianças e experimentou novas combinações. Ele tomou o partido das crianças quando elas não queriam fazer o que os outros adultos queriam que fizessem, e o seu celular, sempre que tocava, era completamente ignorado!
>
> Ele descobrira, como fazem as crianças, as coisas realmente importantes da vida!

Todos sabemos por que os pais compram determinados brinquedos para os filhos — para que eles, os pais, possam brincar com esses brinquedos! Todos lembramos a emoção de andar na roda-gigante, as batalhas com bolas de neve, os jogos de adivinhação e os dias que estivemos em contato com a natureza, não fazendo outra coisa senão brincar, explorar, criar e sonhar acordados. Meu livro *O Poder da Inteligência Criativa* tem mais informações sobre os gênios criativos que são as crianças.

histórias infantis

Arthur Rubinstein e o seu 90º Aniversário!

Quando o famoso pianista Arthur Rubinstein celebrava o seu 90º aniversário, um jornalista lhe perguntou qual era a sensação de ter 90 anos.

Rubinstein, célebre por seu entusiasmo natural e inocente, respondeu que o dia do seu natalício havia sido como qualquer outro. Mas 'como qualquer outro' tinha para Rubinstein um significado diferente do que o entendido pela maioria das pessoas!

Com alegria, ele explicou que, durante toda a sua vida, cada acordar a cada novo dia fora como um novo nascimento. Por isso, Rubinstein considerava que já tivera 365 x 90 = 32.850 aniversários para comemorar!

Como cada dia era um presente, ele o vivia como um verdadeiro tesouro, sabendo que podia ser a sua última oportunidade de encantar-se com as maravilhas e perspectivas que ele lhe oferecia.

Com 90 anos, Rubinstein se sentia tão criança como sempre se sentira!

Outra história a respeito de Arthur Rubinstein demonstra de modo ainda mais decisivo o seu modo positivo e juvenil de encarar a existência.

> Nos últimos anos de vida, Rubinstein descobriu que aos poucos estava perdendo a visão. Um repórter nervoso perguntou-lhe, com certa hesitação, que efeito essa situação produzia nas suas apresentações. Ele obviamente esperava uma resposta refletida, talvez melancólica até.
>
> Pelo contrário, Rubinstein explicou animadamente que, antes de começar a perder a visão, ele sempre pensara que tocava piano apenas por ouvido. Agora que começava a ficar cego, ele percebeu que havia dependido, muito mais do que pensara, de ver realmente os dedos deslizando sobre o teclado, na periferia da visão.
>
> Em vez de ficar deprimido e aflito com o fato, Rubinstein estava extasiado!
>
> Ele explicou ao jornalista como essa nova situação lhe abrira um mundo inteiramente novo. Ele agora tinha a oportunidade fantástica de reaprender todas aquelas belas e maravilhosas peças musicais, dessa vez, de ouvido. Ele mal conseguia refrear seu entusiasmo diante dessa nova perspectiva de aprendizado que se abria para ele.

Buckminster Fuller e seus Olhos de Criança

> Buckminster Fuller, o polímata americano que era gênio em quase tudo, era famoso pela sua capacidade de ver as coisas com um olhar sempre novo. Ele mudou o modo como o mundo vê o tempo, a terra e as estrelas.
>
> Ele dizia, encantado, que o vento não sopra do sudoeste — mas que aspira do nordeste! E com o mesmo fascínio infantil, afirmava que o sol não 'nasce no leste', mas que permanece exatamente no seu lugar: a terra é que gira na direção do sol, apenas dando a impressão de que ele está nascendo.

Certa vez, participei de uma mesa-redonda com Buckminster Fuller. No momento do intervalo, ele se dirigiu rapidamente para a sala de professores; quando lá cheguei, ele já estava sentado, as pernas cruzadas, um sorriso tranqüilo no rosto, meditando.

Quando ele terminou, perguntei-lhe por que fazia isso. Ele explicou que era para renovar o espírito e reabastecer-se da energia (inocente da criança) que tanto o caracterizava.

Todo grande e decisivo movimento registrado nos anais do mundo é um triunfo do entusiasmo. Nada realmente grande jamais foi conseguido sem ele.
(Ralph Waldo Emerson)

Tina Turner — A Criança que não Queria se Aposentar!

Tina Turner, célebre em toda a sua longa e notável carreira de cantora por sua energia extraordinária, espírito irrefreável e qualidades efusivas, como as das crianças, falou recentemente sobre o seu futuro:

'Sou uma pessoa muito criativa para simplesmente ir para casa e sentar-me no sofá. Agora posso fazer alguma coisa diferente — posso me reinventar, mudar... Desde criança, tive a capacidade de me fazer feliz. Nunca dependi de ninguém para isso. Sempre dei uma certa quantidade de amor para mim mesma, porque ele nem sempre esteve à disposição, e eu nunca fui alguém que recorresse a pensamentos negativos ou lembranças ruins. Por isso sou feliz como sou.'

alguns estudos perturbadores sobre a felicidade

Estudos realizados pelo Dr. Michael Miller, na Flórida, nos anos de 1990, procuraram descobrir a relação entre a tendência para rir e a idade. Ele chegou a essa inquietante estatística: uma criança normal de seis anos de idade ri 300 vezes por dia; um adulto normal ri apenas 47 vezes por dia — seis vezes menos! Quanto mais infeliz a pessoa, menos ela ri. As pessoas mais infelizes conseguiram esboçar um leve sorriso *menos* de seis vezes por dia.

Um estudo entre 16.000 crianças, com idade entre 3 e 15 anos, ainda mais assustador, foi realizado por George Land e Beth Jarman. Ele revelou como a criatividade, o espírito de aventura, a curiosidade e o anseio de aprender novas coisas — em outras palavras, as qualidades da Inteligência Espiritual típicas das crianças — vão sendo abafadas, esmagadas e enterradas ao longo dos anos.

O Exercício Espiritual que segue tem o objetivo de ajudá-lo a romper as suas amarras espirituais e a despertar novamente as suas qualidades de criança.

'És um deus?', perguntaram a Buda.
'Não', ele respondeu.
'Então és um anjo?'
'Não.'
'Um santo?'
'Não.'
'Então o que és?'
Buda respondeu: 'Eu sou desperto!'

exercício espiritual

À medida que progride com o exercício, tenha presentes as qualidades positivas da criança inocente, as qualidades contrárias à petulância, ao egoísmo, à inveja, à raiva, à teimosia, ao mau humor, ao tédio, à insatisfação, à desobediência e à indisciplina, todas características da criança *imatura!*

1 A Variedade é o Tempero da Vida

Introduzir a variedade em todos os aspectos da sua vida é uma forma muito apropriada de desenvolver e manter o entusiasmo pelas coisas, como faz a criança. Faça questão de experimentar tudo pelo menos uma vez — novas comidas, novas distrações, novos lugares para visitar. Torne-se um *connoisseur* de experiências. Veja tudo com espírito inquiridor aberto — *espere* encontrar encanto e assombro nas coisas — até, por exemplo, se for apenas a admiração de finalmente reunir coragem para praticar *bungee jumping*.

2 Colha Momentos de Contentamento

Momentos de contentamento devem ser procurados, reconhecidos e valorizados. Olhar para o mundo com novos olhos, com os olhos de uma criança, ajudá-lo-á a relembrar as coisas que você começou a aceitar como verdadeiras. A alegria e o contentamento que as crianças podem extrair das coisas mais simples — abraçar um ursinho de pelúcia, observar uma borboleta, brincar com o canudinho no copo de refrigerante — é surpreendente. Comece a criar momentos de contentamento! Observe quando a sua xícara de chá está com a temperatura e a cor adequadas; quando um estranho olha nos seus olhos e vocês trocam um sorriso; quando você termina de passar a roupa e toda ela está suave e cheirosa; quando você finalmente limpou a sua mesa de trabalho e organizou toda a papelada; o som inesperado de um pássaro cantando num momento de calma em meio à agitação diária à sua volta. Reúna esses momentos. A vida se compõe de todas essas pequenas porções de Paraíso; cabe a você desfrutá-las.

3 Cultive uma Atitude de Satisfação

Uma atitude de satisfação ao fazer o que precisa ser feito é importante para o seu desenvolvimento espiritual. Essa atitude também mudará o seu modo de encarar as tarefas e afazeres domésticos! Por mais estranho que possa parecer, é apenas a sua atitude de desinteresse e tédio que o faz sentir-se abatido; e quem é o perdedor nesse caso?

Pense no entusiasmo de uma criança em aprender e em seguida poder ajudá-lo em suas tarefas em casa e no jardim. Para ela, isso é um brinquedo — divertido e estimulante. Certamente, depois de lavar os pratos pela milionésima vez, você pode descobrir que esse ato não é tão emocionante, mas ainda assim contém potencial para o prazer. É a satisfação de ver a pilha de pratos sujos diminuir e a de limpos aumentar; essa tarefa lhe dá a oportunidade de pensar e deixar a mente vagar por onde ela quer.

Você pode ver todas as coisas 'maçantes' que precisa fazer sob essa luz. Embora o seu corpo seja forçado a realizar uma tarefa árida, a sua mente está livre para ver o encanto e experimentar sempre novas oportunidades.

Conheço apenas uma liberdade: a liberdade da mente.
(Antoine de Saint-Exupéry)

4 Seja Alegre!

Seja o que for que possa causar-lhe infelicidade na sua vida, há sempre um momento em que você pode escolher ser alegre. Para iniciar esse processo (se ele parecer um pouco difícil), assuma um 'semblante feliz', sorria, ou simplesmente distenda as bochechas (isso estimula o cérebro a acreditar que você está feliz; ele então produz substâncias químicas de felicidade, que por sua vez o tornam feliz!). Depois de dar o impulso inicial a essa espiral ascendente, ela continua com mais facilidade.

5 Mantenha uma Mente Aberta

Mantenha uma mente e uma atitude abertas com relação à vida. Tenha uma expectativa positiva dos acontecimentos e deixe que o tempo processe e exponha a realidade. É possível que o 'outro modo' de fazer alguma coisa traga mais benefícios do que a forma que você pretendia adotar.

6 'Viaje com Pouca Bagagem'

Ande leve e desafogado pela vida — física, mental e materialmente. As crianças apreciam a vida, em parte, porque não costumam carregar muita 'bagagem'. Descarregue a sua! Comece um processo de avaliação de todo excesso de bagagem — velhas idéias, atitudes mentais — que possa estar carregando, e então analise como livrar-se dele.

Mentalmente, você já está progredindo à medida que reflete e age baseado nas sugestões deste livro. Entretanto, uma atitude de leveza é de suma importância. Isto não significa que você não deve se preocupar com as coisas — apenas que nada adianta ser 'pesado' com relação a uma situação! A maioria das coisas com que você se preocupa e que o afligem nunca chegam a acontecer. Que perda de tempo! E se elas acontecerem como você temia, a preocupação não ajudou em nada, apenas diminuiu a sua capacidade de lidar com a emergência em si. Por isso, se há algo que você precisa fazer, faça-o, mas mantenha-se leve e radiante.

7 Lembre-se da sua Generosidade Natural de Criança

As crianças gostam de partilhar, de ajudar e de dar. Essa natureza generosa está viva em você, por isso volte a ligar-se a ela e *dê!* Dê livremente, sem amarras.

8 Mantenha-se Flexível!

Você consegue colocar o dedo grande do pé na boca? Bem, outrora você *era* capaz de fazer isso! Há dois aspectos relacionados com a flexibilidade: o físico e o mental. No aspecto físico, manter um corpo flexível e elástico é o segredo da 'eterna juventude': ele o protege de qualquer lesão e possibilita que a sua energia flua através de você facilmente. Procure começar um programa suave de alongamento — aulas de Ioga ou de Tai Chi estão entre as melhores maneiras para se tornar mais flexível.

Uma mente flexível *também* favorece a eterna juventude! Você já está se dedicando à abertura mental e à curiosidade; ligue-as com a flexibilidade. Veja as alternativas, procure fazer as coisas de modo diferente; isso as mantêm novas, acrescenta diversão e pode lhe dar uma idéia totalmente nova — *'a necessidade é a mãe da criatividade'*. O pensamento flexível mantém o seu cérebro ágil: aproveite as recompensas.

9 Dance!

A dança deve ser uma expressão divina do espírito humano.
(Isadora Duncan)

Brincar e dançar são as expressões naturais da criança e as expressões naturais de um ser humano de espírito elevado. A dança promove a flexibilidade do corpo e da mente; é um exercício aeróbico maravilhoso e estimula a expressão da sua alegria e do seu riso.

10 Viva Cada Dia

Seja como Arthur Rubinstein, e considere cada dia da sua vida como um novo 'aniversário'. Comemore-o como tal! Lembre-se de que, se viver 100 anos (o que atualmente está se tornando cada vez mais possível), você terá 36.500 aniversários para celebrar!

estimuladores do espírito

- Celebro as minhas qualidades de criança e continuo a fortalecê-las.
- Sou brincalhão e gosto de me aventurar.
- Sou uma pessoa cada vez mais feliz e cheia de entusiasmo, espalhando a minha felicidade e o meu entusiasmo para os outros.
- Sou dançarino e me movimento com alegria e entusiasmo.
- Amo os meus sentidos e os uso constantemente para 'ver' coisas conhecidas de um jeito novo.

o poder do ritual

capítulo oito

O homem verdadeiro não se sente mais elevado quando reverencia o que está acima dele?
(Thomas Carlyle)

A palavra 'Ritual' deriva do latim *ritus,* que significa um costume ou um modo de fazer alguma coisa.

Em geral os rituais têm uma forma: são limitados pelo tempo e pelo espaço, e envolvem a construção de um lugar especial ou de um ambiente sagrado em que o ritual, um gesto ou cerimônia significativos, acontece. É comum os rituais serem realizados numa certa ordem, quase sempre transmitida de geração em geração. Os rituais também podem ser privados, pessoais e totalmente individuais: por exemplo, deter-se um momento para admirar a paisagem sempre que você passa por uma determinada ponte.

Os rituais podem ser celebrados uma só vez ou podem ser tradições comuns transmitidas através dos tempos (desde festivais que celebram a mudança das estações até ritos religiosos, ou até o uso da receita dos biscoitos especiais ou do bolo de sua avó para o Natal). Todos nós participamos de rituais, tenhamos ou não consciência disso. Se já esteve num casamento, se comemorou um feriado nacional ou outra data memorável, ou mesmo se já enviou um cartão no dia dos namorados, você já teve uma experiência do poder do Ritual.

Os rituais operam num nível além do pessoal. Eles nos ligam ao passado e a alguma coisa maior do que nós: seja a força da natureza, um evento social ou o divino. Um exemplo é o Dia dos Namorados. Ele se originou como um rito romano de fertilidade, mas atualmente significa um momento para expressar amor romântico e afeição. Na sua forma original, ele comemorava algo muito maior do que um mero sentimento — era uma maneira de celebrar vida nova e de respeitar a força da vida, algo essencial para a continuação da comunidade.

Os rituais também nos unem aos nossos eus mais profundos e uns aos outros.

Este capítulo lhe mostrará o efeito incrivelmente positivo que o Ritual pode exercer sobre você, sobre o seu cérebro e a sua vida; você descobrirá como aumentar a sua Inteligência Espiritual (e a sua inteligência como um todo) por meio do poder do Ritual.

rituais comunitários

Ritos de Passagem

Os ritos de passagem e iniciação são provavelmente os rituais públicos que mais conhecemos — casamentos, cerimônias de nomeação, formaturas, comemorações de mudança para uma casa nova, funerais, natalícios e aniversários — os rituais, sérios ou divertidos (ou ambos), que assinalam ocasiões importantes na nossa vida.

Esses rituais ajudam a nos firmar e centrar, e nos dão a sensação de que pertencemos a comunidades mais amplas. Exemplo excelente nos é dado pelos amish — toda a vila dos amish se reúne para construir uma casa para os recém-casados. Outros rituais semelhantes são os que tradicionalmente celebram as diversas etapas da vida, os chamados 'ritos de iniciação'. Esses rituais têm o objetivo de demarcar a transição da infância ou da adolescência para a idade adulta e para os direitos e responsabilidades da maturidade.

Dias de Descanso

Alguns guardam o sábado indo à igreja —
Eu o guardo ficando em casa —
Com uma triste-pia [ave] como menino do coro —
e um pomar como abóbada.

(Emily Dickinson)

Um ritual presente no centro do nosso calendário é o domingo como dia de descanso, uma tradição transmitida pela Bíblia. Ter um dia na semana em que você põe *todo* o trabalho de lado e o reserva apenas para o repouso, favorece uma boa saúde mental e física. Por razões religiosas ou não, esse é um procedimento que podemos seguir. E não é preciso ser o domingo — pode ser qualquer dia da semana dedicado ritualmente ao descanso.

Tradicionalmente, o domingo é o dia em que as famílias e os amigos se reúnem para almoçar juntos, para um passeio no parque ou para celebrações religiosas.

Ritual de Comemoração

A morte de um homem atinge mais os que ficam do que ele próprio.
(Thomas Mann)

Um dos rituais públicos mais conhecidos é o Dia do Armistício, celebrado no mesmo dia de novembro, à mesma hora, não apenas na Inglaterra, mas em quase todo o mundo. Essa comemoração iniciou-se como forma de homenagem aos milhões de mortos da Primeira Guerra Mundial, de todos os lados do conflito, e com o tempo se transformou num memorial dos mortos das guerras e conflitos posteriores.

Apesar de sua natureza pública, o Dia do Armistício é para muitas pessoas um Ritual particular — um momento para recordar os entes queridos, tenham morrido em guerras ou não. Esses rituais de lembrança particular podem também consistir em depositar flores no túmulo de alguém em aniversários especiais.

As pessoas amadas não precisam estar mortas para ser lembradas num Ritual — a tradição de beber em homenagem a amigos ausentes também é um ato de comemoração.

fortalecendo a sua força interior

O ritmo acelerado, o caos crescente e o bombardeio contínuo de informações que formam atualmente a tessitura básica da 'vida moderna' nos mantêm distanciados de pensamentos e atividades espirituais, ao mesmo tempo em que nos fazem ansiar por eles ainda mais.

Mesmo a sua casa pode se transformar num anti-santuário, com os afazeres domésticos se acumulando, o cachorro latindo por um passeio ou as crianças sugando cada vez mais o seu tempo e a sua energia. Você não consegue relaxar nem mesmo na frente da TV, tantas são as desgraças e tristezas que ela transmite!

Como fugir da 'multidão alucinada'?
Onde encontrar paz e vigor espiritual?
Onde encontrar o seu santuário?
Por meio do Ritual!

O Ritual pode ser considerado uma lareira da qual você se aproxima em busca de calor, descanso e renovação. Por sua própria natureza, ele proporciona a você ordem, estabilidade, segurança e certeza em meio à turbulência que freqüentemente revolve o ambiente à sua volta. O Ritual permite que a sua mente e o seu espírito se mantenham seguros no conhecimento de que dentro do seu 'espaço' a ameaça de tumulto será pequena.

No espaço que o Ritual lhe oferece, você pode se envolver mais com os pensamentos e as ações que lhe permitem penetrar mais profundamente no seu ser Espiritual.

Além disso, o Ritual é uma parte intrínseca da natureza da humanidade e da espiritualidade — toda tribo, grupo ou nação através da história incluiu a constância do Ritual como parte do seu tecido social. Esses rituais sempre envolvem a reflexão sobre conceitos espirituais, a expressão desses conceitos e a contemplação da natureza e o envolvimento com ela.

Na maioria dos casos, o Ritual esteve ligado a várias formas de transcendência em que as pessoas como indivíduos ou reunidas em grupos foram capazes de vencer a dor, o sofrimento e o pesar que as afligia e acrescentar às próprias energias individuais a energia dos outros, do mundo e do universo que as cercava.

É interessante observar que em todas as sociedades, quando o *stress* se torna excessivo, as pessoas se recolhem no Ritual como forma de defesa final, usando a limpeza maníaca de coisas e do corpo, ou a igualmente maníaca organização do espaço, como uma última barreira contra a maré de dificuldades que investem contra a sua alma.

O Ritual pode ser considerado um dos principais métodos de limpeza da 'poluição sonora' da nossa mente. Mesmo atividades simples, regulares, como passear com o cachorro, trabalhar no jardim ou simplesmente fazer uma pausa, podem nos proporcionar aquela ordem e estabilidade regulares que nos permitem repelir os agravos e exigências que nos rodeiam e entrar numa forma mais elevada de comunicação conosco, com os outros e com a natureza.

Um número cada vez maior de pessoas em busca da Inteligência Espiritual está criando em sua casa 'lugares' como seu 'cantinho' espiritual. Elas se dirigem a esses lugares regularmente para recuperar o equilíbrio perdido nas horas antecedentes.

Uma amiga minha montou o seu 'cantinho' no banheiro. Normalmente, ela toma uma banho quente, com óleos aromáticos, uma vez por dia. A única luz é a de velas. Como ela descreve:

> 'Assim que entro na água, os milhões de vozes que gritam por atenção dentro da minha cabeça começam imediatamente a ceder e uma única voz passa a dominar — a minha Voz Interior. Quando mergulho, sinto o diafragma abrir e ficar mais livre, a respiração relaxa e se torna mais profunda e regular, e todo o meu corpo fica mais quieto, tranqüilo, aliviado e em paz com ele mesmo. Ao submergir, não apenas a água quente, os óleos e perfumes me banham, mas inunda-me também o poder que a auto-reflexão me confere.
>
> 'Trata-se de um momento particular. Um momento precioso. É o meu momento. É o meu tempo Comigo Mesma.'

Como você vem percebendo progressivamente através das páginas de *O Poder da Inteligência Espiritual*, cada vez mais pessoas começam a trilhar os caminhos espirituais.

lições dos gurus

Os iogues indianos estão entre os líderes e instrutores espirituais mais respeitados do mundo. Muito antes do advento da civilização moderna, os iogues haviam descoberto o imenso poder dos rituais espirituais e físicos. Eles praticavam esses rituais para treinar o seu corpo e a sua mente durante a sua busca da iluminação espiritual.

Do mesmo modo, praticantes de artes marciais asiáticas — kung fu, karatê, tae kwon do — usam o 'Ritual Correto' para treinar a mente e o corpo no seu caminho para a iluminação disciplinada.

as células do cérebro adoram o ritual!

Algumas pesquisas recentes e muito estimulantes sobre o valor do Ritual provêm do centro de 'boas notícias': os estudos sobre o Cérebro! O ditado 'A prática leva à perfeição' é citado há muito tempo, e em geral é verdadeiro (apesar de não dar resultados se a prática adotada for inadequada — com a conseqüência de prejudicar o praticante ainda mais!).

Os pesquisadores queriam saber por que o ditado é verdadeiro, e durante os últimos 20 anos chegaram a uma descoberta extraordinária. Como vimos no Capítulo 2, cada ação que você pratica traça um *caminho no seu cérebro!* Esse caminho, como uma nova trilha através de um campo, fica mais forte e mais definido à medida que você repete o pensamento ou a atividade.

Isso se aplica tanto aos rituais de treinamento físico quanto aos rituais repetitivos de orações, mantras ou meditações — e mesmo aos rituais repetidos de tradições, como refeições especiais ou celebrações familiares.

Pela repetição, os rituais e atividades se tornam *hábitos.*

Com 'Rituais Corretos', você aumenta a probabilidade de vencer obstáculos, de suportar as dificuldades com um espírito mais leve e de alcançar o sucesso com menos tensões.

Chegou o momento do Exercício Espiritual.

exercício espiritual

Ciente de que os Rituais positivos incutem bons hábitos no seu cérebro e fortalecem você contra os 'golpes da má sorte', é obviamente sensato incorporá-los à sua vida de todas as maneiras possíveis.

Ao preparar-se para desenvolver os Rituais que podem fortalecê-lo Espiritualmente, fique atento ao fato de que os Rituais são uma maneira muito eficaz de aperfeiçoar a si mesmo e à sua Inteligência Espiritual. Eles eliminam a necessidade de 'começar tudo de novo'. Também lhe dão um grande conforto — você pode se abrigar em seus Rituais como se abriga em seu suéter velho preferido.

A seguir, alguns exercícios que o ajudarão a definir Rituais que lhe serão úteis ao longo do dia.

1 Faça um Mapa Mental

Faça um Mapa Mental de todas as áreas da sua vida que podem ser influenciadas positivamente por um Ritual, tanto no aspecto geral como no espiritual. À medida que elabora esse Mapa Mental, procure não usar o Ritual para enrijecer a sua vida, mas tenha consciência do aspecto 'poupa tempo' do Ritual. Lembre-se, o Ritual deve ser usado para expandir a sua vida e torná-la mais flexível e próspera.

2 Tenha um Ritual de Agradecimento às Refeições

Tome um minuto ou dois para realizar um Ritual de agradecimento antes das refeições. Agradeça por todas as pessoas que de algum modo possibilitaram que os alimentos chegassem à sua mesa. Pense nos que os cultivaram; nos que os colheram, embalaram e transportaram; nos que os venderam, os compraram e os prepararam para o seu corpo, que os digerirá para mantê-lo vivo e saudável.

3 Ritual do Amanhecer

Cada dia é um novo começo! Use o Ritual para preparar, você e o seu espírito, para o dia que está à sua frente. Comece os seus dias com uma música suave, com cinco minutos de meditação para dispor-se para as tarefas do dia, ou com algum alongamento para acordar o corpo e a mente. Durante quatro anos, quando eu estava na faixa dos 20 anos, eu começava os meus dias com a maravilhosa música da aurora da Suíte Peer Gynt — ela fazia o sol nascer na minha mente, independentemente das condições do clima externo!

No início do dia, fique atento às dádivas sempre presentes de amor, amizade, paz, sabedoria, natureza e vida que você tem e vista-se com elas como veste as suas roupas. Leve-as com você durante todo o dia.

4 Ritual do Encontro/Saudação

As 'primeiras vezes' são sumamente importantes para você e para a outra pessoa. O seu cérebro se lembrará automaticamente mais desses primeiros encontros do que dos subseqüentes.

Por isso, ao dizer 'olá' para uma pessoa, transforme essa ocasião num momento memorável — num instantâneo feliz no banco de memória dessa pessoa! Torne o 'começo positivo' um Ritual permanente no comportamento da sua Inteligência Espiritual.

5 Ritual de Despedida/Partida

Como o seu cérebro vai lembrar as 'primeiras coisas', assim também lembrará as 'últimas coisas'. Por isso é muito importante fazer 'despedidas' positivas — pois você será lembrado por meio delas. Constate isso em si mesmo — você *lembra* a última vez que viu a pessoa que você mais ama?

Crie o hábito de sempre despedir-se com um sorriso — e pense, 'E se eu nunca mais vir essa pessoa e essa for a última lembrança que teremos um do outro?' Aja com base nesse pensamento e crie um Ritual de Despedida que deixe ambos num estado espiritualmente elevado.

Não é mais agradável afastar-se de alguém com leveza nos pés e um sorriso nos pensamentos?!

6 Ritual para o Fim do Dia

Ir dormir já é um Ritual que você estabeleceu no decorrer da sua vida! Você pode torná-lo ainda mais positivo!

No fim do dia, logo antes de adormecer, a sua mente está num estado especialmente receptivo. Por isso, é interessante 'preenchê-la' com imagens mentais e pensamentos bons, e com coisas que podem ajudá-lo no seu desenvolvimento pessoal e Espiritual.

É benéfico criar o Ritual de rever o dia em sua mente, examinando o que aconteceu o quanto for possível. Você pode usar esse momento para refletir sobre as lições aprendidas durante o dia e introduzi-las em sua vida presente e futura.

Com base na revisão do dia, você pode imaginar e prever os objetivos e planos gerais para o dia seguinte, o que o deixa com uma sensação de antecipação e expectativa, e não, como acontece freqüentemente depois de um dia penoso, com uma sensação de cansaço, depressão e medo do dia que virá!

Mesmo os 'dias difíceis' lhe reservam muitas dádivas, por isso fique atento a elas e adormeça contabilizando os aspectos positivos e não contando carneiros.

7 Ritual do Serviço Perfeito

Neste Ritual você mantém o pensamento 'Serviço Perfeito' na sua mente pelo tempo que conseguir enquanto realiza suas atividades diárias. Tudo o que fizer, para si mesmo ou para os outros, faça com a melhor qualidade que puder, inclusive as coisas simples e pequenas como preparar uma xícara de chá, limpar a gaiola do passarinho, dizer a hora para alguém, preparar uma refeição, arrumar a cama ou dirigir o carro, etc. Pense na Cerimônia Japonesa do Chá! Faça *tudo* com atenção e cuidado. Lembre sempre que você está fazendo aquilo para alguém que é sumamente especial (seja esse alguém você mesmo ou outra pessoa!) e coloque amor no que faz.

Esse Ritual torna muito mais agradável a realização do que quer que seja que você tenha de fazer e deixa quem recebe os seus 'serviços' mais feliz e mais elevado espiritualmente do que se você não tivesse agido com tanta diligência.

8 Caracterize os seus Rituais

Caracterize os seus Rituais de algum modo simbólico. Acenda uma vela ou incenso quando começar um Ritual de meditação ou faça um minuto ou dois de ação de graças silenciosa no início de uma refeição especial em família. Esses atos lhe dão condições de separar o momento do Ritual das atividades normais e são um modo excelente de limpar os pensamentos e concentrar a mente.

9 Crie um Espaço Sagrado

Você pode criar um espaço sagrado para si mesmo em qualquer lugar. No trabalho, basta simplesmente ter um cartão postal à sua frente ou escrever um pensamento que desperte em você um espírito de reverência. O Ritual pode consistir em olhar esse cartão ou ler o pensamento em momentos de *stress* e usá-los como 'âncora' para fixá-lo num estado mais expansivo. Ou pode criar um 'espaço sagrado portátil', levando com você algo como uma pedra especial, uma fotografia ou um símbolo (uma cruz, uma chave, etc.) durante o seu dia, e quando viaja, instalando esse espaço sagrado no quarto do hotel. Você também pode criar um espaço sagrado no seu jardim, um ponto particular onde possa simplesmente sentar-se e contemplar a natureza.

10 Ritual de Meditação ou Descanso

Pratique um pequeno Ritual de meditação ou de descanso todos os dias, para ajudar o seu bem-estar Espiritual e a sua saúde. O próximo capítulo trata especificamente desse tema.

estimuladores do espírito

- Dedico um tempo para assinalar e celebrar os momentos importantes da vida.
- Adoto Rituais pessoais diários que ajudam a me manter centrado.
- Uso constantemente o Ritual para levar a realidade para mais perto dos meus sonhos.
- Estou comprometido com a minha visão. Cada dia, por meio do Ritual, fortaleço a minha decisão de realizá-la.

paz

capítulo nove

**Se houver integridade no coração,
haverá beleza no caráter.
Se houver beleza no caráter,
haverá harmonia no lar.
Se houver harmonia no lar,
haverá ordem na nação.
Se houver ordem na nação,
haverá paz no mundo.**
(Confúcio)

Paz é aquele estado de calma e serenidade no qual o espírito está livre da ansiedade, da inquietação e da angústia. Talvez a melhor metáfora para a paz seja a de um lago tranquilo onde nenhuma ondulação ou vento forte perturba-lhe a superfície.

Paz é um estado que pode existir no interior de um indivíduo, de uma família, na vizinhança, num país e no mundo. A grande verdade é que quanto mais pessoas estiverem em paz consigo mesmas, maior será a probabilidade de que todas as comunidades, locais e globais, também tenham paz.

Onde as pessoas rezam pela paz, a causa da paz é fortalecida por esse ato de oração, porque os que rezam mergulham eles próprios no espírito da paz.
(John Macquarrie)

Tanto o ser pacífico como a ênfase num comportamento de paz são as marcas características de todos os grandes líderes espirituais — desde Buda e Cristo até Mahatma Gandhi. Apesar de grandes sofrimentos e sacrifícios pessoais, esses mestres conseguiram manter a sua paz interior; o verdadeiro teste que revela até que ponto as pessoas estão em paz consigo mesmas é o modo como lidam com as adversidades e o tumulto em torno delas.

A paz advém não tanto da criação de um ambiente exterior tranqüilo quanto da entrega interior ao que o ambiente apresenta.
(Hubert van Zeller)

Estamos vivendo cada vez mais numa sociedade '24 horas por dia', 'sete dias por semana', 'sem intervalos', viciados em telefones celulares, Internet, computadores, vídeos e *barulho*. Mais e mais pessoas estão internamente (e algumas externamente) gritando: *'Parem o mundo — eu quero descer!'*

Este capítulo lhe mostrará como fazer isso!

Para instalar a paz em seu interior e promover aquele estado de 'lago tranqüilo' é essencial que você aprenda a reduzir a agitação da sua vida, a diminuir a ansiedade e a eliminar o *stress*. Assim o seu corpo, a sua mente e a sua alma terão condições de viver num ambiente interno calmo e sereno. É a partir dessa calma interior que você poderá então levar a sua paz para o mundo.

paz e meditação

Definimos meditação como um período de tempo todo voltado a ocupar a mente com propósitos espirituais; ou também como um método de relaxamento. Em *O Poder da Inteligência Espiritual* adotaremos todas as definições possíveis, inclusive as meditações de 'mente vazia', oração, concentração em problemas específicos para obter soluções, meditações autoprogramadas, comunhão com a natureza e descanso e relaxamento.

Compreendendo a importância de propiciar-se silêncio e descanso interiores, você chegará a entender o valor das técnicas de meditação que se difundiram tão rápida e beneficamente ao redor do mundo. Esses 'Exterminadores do *Stress'* eliminam o lixo que está em sua mente, dão-lhe uma nova sensação de serenidade e calma e (como muitos relatam) o põem 'em contato com o Cosmos'.

Os Grandes Líderes Espirituais e a Meditação

É muito interessante e inspirador observar que todos os grandes líderes espirituais, sem exceção, tanto praticaram como promoveram a meditação como meio para ter saúde física, mental e espiritual, e também como método fundamental para obter sabedoria e alcançar a iluminação.

Uma rápida pesquisa comprova esse fato!

1 Moisés (c. 1300 a.C.)

Moisés era famoso como pensador profundo, que passava longos períodos 'em busca da alma' enquanto cuidava dos rebanhos do seu sogro nas colinas. O quarto mandamento — 'Lembra-te do dia do sábado...' prescreve especificamente que pelo menos um dia da semana deve ser dedicado ao descanso e ao relaxamento.

2 Mahavira (c. 599-527 a.C.)

Mil anos depois de Moisés, e a mais de 10.000 quilômetros de distância, Mahavira desenvolveu um caminho espiritual que oferecia várias formas de meditação. O caminho espiritual iniciado por Mahavira, o jainismo, prescreve períodos determinados de meditação, além de preceitos que proíbem prejudicar qualquer ser senciente. Por exemplo, os seus seguidores usam máscaras de gaze sobre a boca para não matar algum inseto com a respiração.

3 Buda (c. 563-483 a.C.)

Uma das imagens mais difundidas do budismo é a de Buda sentado em meditação. 'Buda' significa 'o desperto', e foi por meio da meditação que ele se tornou totalmente *desperto* — para tudo.

Duas das pedras angulares do Nobre Caminho Óctuplo de Buda — a fórmula que ele apresentou para se ter uma vida verdadeiramente espiritual — são 'Contemplação Correta': 'É preciso sempre aprender a controlar a mente em contemplação pacífica...'; e 'Concentração Correta': 'Quando todos os outros princípios são seguidos, é possível alcançar o estado em que a mente fica totalmente sujeita à vontade. Pode-se desenvolver a mente a alturas além da razão, na verdade até o Nirvana.'

Nirvana é o estado de total supressão dos desejos e de paz transcendente absoluta.

4 Confúcio (551-479 a.C.)

Os chineses ainda se referem reverentemente a Confúcio (Kung-fu tze) como 'o Primeiro Professor'. Quando menino, ele era conhecido como 'Filho da Natureza' — alguém que passava muito tempo em reflexão e contemplação.

Nos seus ensinamentos, Confúcio destacava que a meditação era uma parte necessária do autodesenvolvimento.

Entre as suas máximas para uma vida correta e espiritual estão as seguintes:

- Pessoas corretas examinam a si mesmas.
- Pessoas corretas praticam cuidadosamente a introspecção.
- Pessoas corretas podem ficar sozinhas sem medo e podem abandonar a sociedade sem angústia.
- Pessoas corretas fortalecem a si mesmas incessantemente.
- Pessoas corretas brilham com a qualidade da iluminação.

5 Jesus (0-33 d.C.)

No início do seu ministério, Jesus passou 40 dias e noites na solidão do deserto, meditando e preparando-se, mental e espiritualmente, para a sua missão.

Durante toda a sua vida e atividades, Jesus recolhia-se regularmente nos montes e em recantos do interior para passar algum tempo sozinho em oração e meditação. Ele ensinava que essa 'comunicação direta com Deus' podia e devia ser feita por todos, em qualquer lugar, e a qualquer tempo.

6 Maomé (570-632 d.C.)

O profeta Maomé fundou um dos movimentos espirituais de mais rápido crescimento no mundo — o islamismo (que significa 'paz'!)

Para Maomé, a Meditação e a Oração eram tão importantes que compõem a essência do primeiro dos Cinco Pilares do Islamismo:

'Deveis meditar e rezar cinco vezes ao dia: ao nascer do sol, quando o sol chega ao zênite, no seu meio-declínio, no poente, e antes de vos recolher.'

passos práticos para alcançar a paz

Descanso e Relaxamento

De acordo com vários estudos, fazer intervalos de descanso ou sestas de aproximadamente meia hora durante o dia é um método que dá resultados melhores e mais rápidos do que a cafeína para aumentar o estado de alerta e reduzir o cansaço e o *stress*.

Um estudo particularmente interessante realizado com operários em países industriais e pós-industriais sugere que meditar, descansar ou tirar um cochilo aumenta a produtividade, a criatividade e a capacidade para solucionar problemas de 92,5 *por cento* dos trabalhadores! O estudo diz também que não precisamos tanto de intervalos para cafezinho, mas sim de intervalos para meditação!

Outro estudo feito com soldados americanos apresentou resultados semelhantes. Ele revelou que os soldados que podiam descansar e relaxar durante 30 minutos demonstravam uma capacidade muito maior de tomar 'decisões difíceis baseadas em atenção aos detalhes' do que aqueles que podiam contar com várias xícaras de café apenas.

Técnicas de Meditação

Há muitos tipos de meditação — meditação em pé, meditação em movimento, meditação na posição sentada, meditação transcendental e meditação entoada, entre outras. Algumas visam esvaziar a mente, outras a desenvolver um estado alterado de consciência, como um transe, e outras ainda (especialmente as meditações em movimento do Tai Chi e do Chi Chung) envolvem exercitar o exterior e o interior do corpo ao mesmo tempo. Outros tipos, como a meditação cristã e algumas formas de meditação judaica baseiam-se na entoação ou na reflexão sobre textos sagrados específicos.

O ponto de partida de quase todos os tipos de meditação, porém, é a *respiração*. Uma meditação muito simples e fácil consiste em você sentar-se confortavelmente num lugar silencioso, fechar os olhos e concentrar-se em respirar lentamente, inspirando e expirando. Algumas pessoas gostam de contar a respiração, indo até dez e voltando ao um. Podem assim perceber se a mente se dispersa. Se perdem a contagem simplesmente voltam ao um, sem nenhum sentimento de culpa por terem se distraído. Deixam os pensamentos passar e voltam para a respiração.

Quando você se concentra na respiração, os pensamentos que vagueiam por sua mente aos poucos se dissipam, e você terminará a meditação sentindo-se relaxado, renovado e alerta.

**Se o coração divagar ou se distrair, leve-o de volta ao tema
com toda a serenidade ... mesmo que você não faça nada
durante toda a sua hora [de contemplação] além de levar
o coração de volta, a sua hora terá sido muito bem empregada.**
(São Francisco de Sales)

Minhas Experiências Pessoais com a Meditação

Como a maioria das pessoas que conheço, eu tive muitas experiências de meditação quando era criança: sentado à beira de lagos ou riachos e sendo transportado pelos ritmos vagos e sonolentos da natureza; ou 'meditando' na sala de aula quando eu supostamente devia prestar atenção ao professor!

Tive o primeiro contato formal com a meditação quando estudei ioga e tomei consciência das várias partes do meu corpo (algumas mais fáceis de observar do que outras!). Também fiz experiências com várias formas de meditação zen-budista, de modo especial as que envolvem entoações. Essas me foram particularmente agradáveis, calmantes e tonificantes.

Quando os Beatles apresentaram o Maharishi Mahesh Yogi e a Meditação Transcendental ao mundo, em meados dos anos de 1960, um amigo me ensinou essa forma de meditação. Essa meditação consiste simplesmente em repetir um mantra durante certo tempo, com o objetivo de purificar a mente de qualquer pensamento intruso. Por experiência pessoal, posso garantir que essa forma de meditação realmente faz o praticante sentir-se 'leve'. Também aprendi técnicas de relaxamento profundo e de auto-hipnose. Estas transformaram a minha vida, dando-me condições tanto de 'ver' diferentes níveis da minha consciência simultaneamente como de dirigir a minha vontade e intenção, tudo de modo muito intenso.

O ponto alto das minhas experiências com a meditação até o momento aconteceu no México no último ano do último milênio. Num lindo dia ensolarado de outono, um grupo de artistas, escritores e estudantes mexicanos de Inteligência Espiritual convidaram-me para visitar a grande pirâmide-templo de Teotihuacán. Subimos até o seu ponto mais elevado e contemplamos a paisagem pré-maia.

Quando estávamos descendo, um guia apareceu do nada e perguntou se gostaríamos de visitar a Câmara de Meditação, um privilégio em geral não reservado a turistas como eu.

Aceitamos o convite prontamente e fomos conduzidos através de um portão 'secreto' até um túnel subterrâneo, às vezes tão baixo que éramos obrigados a rastejar. Iluminados apenas por uma tocha, chegamos por fim à Câmara de Meditação: uma pequena abertura a cerca de 6 metros abaixo do solo e dezenas de metros abaixo do vértice da pirâmide. Estávamos no 'coração' da base da pirâmide!

O guia nos orientou a formar um círculo, dar as mãos, fechar os olhos, meditar no silêncio e 'sentir' a energia desse local mágico que fora uma Câmara de Meditação e Oração particular para os sacerdotes desse magnífico templo.

A sensação era tão calmante, tão revigorante, e nós nos sentíamos tão 'unidos' com Tudo, que ninguém queria sair de lá. Nunca!

exercício espiritual

1 Descubra o Poder e a Energia no Silêncio e na Meditação

É muito fácil de fazer e maravilhoso de experimentar com a família ou com os amigos. Um aspecto importante com relação ao Silêncio e à Meditação é que você pode praticá-los em qualquer lugar, sem nenhum equipamento extra!

2 Irradie Paz ao seu Redor!

Una-se a outras pessoas e projete a sua paz interior para o mundo todo. Assuma o compromisso de juntar-se a outros para difundir a paz e a tranqüilidade aonde quer que vá.

3 Um Tranqüilo Início de Dia

A maioria das pessoas acorda apressada e não pára de correr até a hora de voltar para a cama!

Comece o dia mais calma e tranqüilamente, com maior controle sobre si mesmo, sobre os seus sentimentos e sobre as idéias que cruzam sua mente. Antes de acordar completamente, reveja com calma os seus sonhos (se consegue lembrar-se deles), observe como você se sente no momento, em que estado de espírito em particular você já se encontra e como pode direcioná-lo para seu proveito no decorrer do dia. Desenvolva um ritual matutino de alongamento suave e de sons agradáveis (canto de pássaros ou uma música suave, relaxante) que o introduzam ao seu novo 'natalício', todos os dias!

4 Desligue Tudo!

Faça um momento de 'silêncio' — ou dois — de preferência no mesmo horário todos os dias. Sem ruído de televisão ou de rádio, sem nenhum equipamento ligado; apenas o máximo de silêncio que conseguir. Comece com alguns minutos e vá aumentando o tempo aos poucos. Se você mora num ambiente ruidoso, consiga um protetor de ouvidos para abafar o ruído e obter mais silêncio.

Um exercício mais exigente seria praticar a serenidade mental num congestionamento de tráfego ou num caixa de supermercado!

5 'Controle de Trânsito'

Por volta do meio da manhã, do meio da tarde e depois do anoitecer, reserve um momento para PARAR tudo o que estiver fazendo. Se puder, ouça uma música suave, relaxante, durante alguns minutos. Se não, imagine uma melodia tocando em sua cabeça. Depois de alguns minutos, continue o que estava fazendo. Se possível, estimule os que estão ao seu redor a fazerem o mesmo; isso muda a atmosfera e a energia do seu ambiente para melhor.

6 Faça do seu Lar o seu Santuário

Pense que o seu lar é de fato o seu Centro de Paz e Criatividade. Examine o ambiente e as atividades nele realizadas. Crie, por exemplo, uma zona livre para TV. Resolva não ouvir/assistir a *todos* os noticiários (quando foi que já transmitiram boas notícias?!).

Se tem filhos, você sabe que as crianças ficam mais rebeldes, irritadas e desobedientes se passam de uma forma de entretenimento para outra (do Nintendo para a TV, daí para o computador, deste para o Game Boy®, etc.). Elas normalmente ficam muito mais satisfeitas, felizes e calmas se podem andar ao léu, ler e ficar consigo mesmas com as suas imaginações e fantasias. Providencie para que tenham espaço para não fazer 'nada'.

Trabalhe ativamente para fazer do seu lar um 'abrigo calmo' no meio da tempestade.

7 Experimente Diferentes Formas de Meditação

São inúmeras as formas de meditação, e algumas se adaptam melhor às pessoas do que outras. É recomendável passar algum tempo examinando calmamente as opções, para finalmente escolher os caminhos que se mostram mais significativos e benéficos para você. Quase todas as religiões tradicionais recomendam alguma prática de meditação — desde o giro dos sufis, passando pela meditação caminhando dos budistas, até as formas contemplativas cristãs. No caminho você encontrará muitos novos e interessantes amigos.

8 Aprenda com os Grandes Mestres Espirituais

Procure mensagens dos grandes mestres espirituais e aprenda com as palavras e os exemplos deles. Eles são modelos extraordinários e lhe oferecerão muitas opções e oportunidades interessantes na sua própria busca da Verdade.

9 Meditação da Dança

No santuário e na paz do seu lar, passe algum tempo ouvindo uma música bonita, harmoniosa, calma e rítmica, deixando o corpo se expressar do modo que ele preferir e a mente vagar 'livre' ou concentrar-se em algum aspecto particular da sua vida. Você pode também tentar sessões de alguma dança 'de transe' ou mesmo cerimônias de dança nativa.

10 Passe Algum Tempo com Animais e com a Natureza

Muitos animais vivem num estado de meditação constante: alerta livre de tensões. Passe algum tempo com eles; comunique-se com eles; aprenda com eles! Se você tem problemas que estão perturbando a sua paz mental, saia para um longo passeio no campo, sozinho ou com um amigo, e nesse contato com a natureza, procure resolvê-los.

11 Medite sobre a sua Vida

Qualquer atividade pode ser transformada em meditação. Experimente fazer uma 'meditação comendo': não faça nada, apenas preste atenção à sua barra de chocolate ou à refeição inteira. Ao tomar banho, lave-se com consciência e atenção, em vez de elaborar a lista de atividades para o dia que está começando.

Cada estrada, cada rua no mundo é o seu caminho da meditação enquanto anda.
(Thich Nhat Hanh)

estimuladores do espírito

- Escolho a paz para mim e para todos os seres vivos.
- Estou sempre mais calmo, centrado e em paz.
- Estou integrando perseverantemente os Rituais de Meditação à minha vida diária.
- A cada dia, estou mais calmo e paciente, deixando que os frutos das minhas ações amadureçam na plenitude do tempo.
- Curo a mim mesmo, voltando suavemente ao equilíbrio, alimentado por minha paz interior.
- Mantenho-me firme em meio às adversidades e confiante em tempos de aflição.
- Hoje trago para o meu Corpo, para a minha Mente e para o meu Espírito um nível mais elevado de consciência.
- Com muita calma, observo o fluxo da minha mente, e então acolho o silêncio interior.
- Sinto-me em contato cada vez mais profundo com o Cosmos, com a sua grandeza, com a sua magnificência e com a sua beleza.

a única coisa necessária é o amor!

capítulo dez

O amor é paciente, o amor é prestativo, não é invejoso, não se ostenta, não se incha de orgulho. Nada faz de inconveniente, não procura o seu próprio interesse, não se irrita, não guarda rancor. Não se alegra com a injustiça, mas se regozija com a verdade. Tudo desculpa, tudo crê, tudo espera, tudo suporta. O amor jamais passará.
(São Paulo, Primeira Epístola aos Coríntios)

Espalhe amor aonde quer que você vá: em primeiro lugar, na sua própria casa. Dê amor aos seus filhos, à sua esposa ou ao seu marido, ao vizinho de porta... Que toda pessoa que se aproximar de você se sinta melhor e mais feliz ao partir.
(Madre Teresa)

O 'Amor' é definido como um sentimento de grande e profunda afeição e solicitude. Ele dá aos que amam um prazer intenso em cuidar e contemplar o objeto do seu Amor. Ele tem o poder de curar, confortar, fortalecer, conquistar, inspirar e, acima de tudo, de dar a vida.
  O Amor é a única força capaz de transformar um inimigo em amigo.
(Martin Luther King)

Inversamente, a ausência de Amor causa ansiedade, depressão, dor, sofrimento, desespero, desesperança, doença e, por fim, a morte.

O Amor a si mesmo, aos outros e ao universo pode ser considerado como o Objetivo Espiritual e de Vida supremo.

As origens da palavra '*love*' [= amor] encontram-se no alemão e no inglês antigos, '*leof*', que significa 'querido' e 'agradável', e cujo som é muito próximo da palavra '*life*' [= vida]. Num certo sentido, portanto, podemos realmente dizer que 'Vida é Amor' e que 'Amor é Vida'!

Este último capítulo irá introduzi-lo ao Poder Maior — o Poder do Amor. Contar-lhe-ei histórias de aventuras, de desespero, morte e esperança, e orientá-lo-ei a alguns procedimentos que podem ajudar a abrandar a dor, o sofrimento e o desespero. Você deverá terminar este capítulo com uma sensação de maior abertura, compreensão e compaixão, e inspirado a desenvolver este poder dentro de si mesmo, tanto para benefício próprio como da sua família, dos seus amigos e do bem comum.

O amor não procura agradar a si mesmo,
Nem por si mesmo tem qualquer cuidado,
Mas para o outro passa a sua tranqüilidade,
E constrói um Céu no desespero do Inferno.
(William Blake)

amor e medo

O amor é o antídoto para o estado que está por trás de quase todas as emoções negativas — o *medo*. O medo resulta da sensação de separação — dos outros, da vida em geral; o amor resulta do estarmos vivos para a nossa unicidade. Se nos prepararmos para usar o poder do amor para vencer o medo, daremos um passo gigantesco em direção a uma maior Inteligência Espiritual.

Tomar e Enviar

A nossa inclinação natural é afastar-nos do medo e conseguir todo o amor que nos seja possível. Essa reação se fundamenta nos nossos medos básicos de sobrevivência. No Tibete e em outros lugares, os que buscam a realização espiritual procuram desenvolver a reação contrária com uma prática de meditação profundamente transformadora, a meditação 'tomar e enviar'. Nela, em vez de querer tomar amor, o meditador se esforça para 'enviá-lo' a outros. Em vez de fugir do medo, ele procura tomar para si a carga de medo que os outros possam sentir.

Para 'tomar e enviar', você inspira o medo e o sofrimento de outra pessoa (por exemplo, de alguém que você vê na rua com dificuldade para caminhar) e expira amor, alegria e contentamento. Você transforma a negatividade em energia positiva irradiada para o outro. Esta é uma prática muito sutil, mas ela aumenta a nossa capacidade de gerar amor altruísta e de nos vermos nos outros. Ela também muda a nossa relação com os outros e com o mundo.

o poder prático do amor

Uma história ajudará a ilustrar os efeitos poderosos do amor. Lembre-se sempre de irradiar as qualidades positivas do amor ao seu redor!

A História do Peixe Formoso

Quem leu o meu livro *Head First* sabe que os coelhos que recebiam afeto e amor quando estavam em cativeiro eram mais saudáveis e viviam mais tempo do que os coelhos que apenas recebiam alimento e água. Esta história do peixe formoso confirma como um pouco de amor produz efeitos extraordinários!

Quando eu era menino, o meu maior interesse voltava-se para a natureza e para o estudo dos seus sistemas e prodígios. Eu fazia coleções as mais diversas, entre as quais de borboletas, anfíbios, peixes e coelhos.

Uma das coisas mais lindas que eu vira até então era um esgana-gata macho de três espinhas. Esse peixe diminuto e aerodinâmico parecia representar a essência da 'condição de peixe'. No período de acasalamento o corpo do macho se torna translúcido, de um azul-aço quase luminescente, com a garganta e a parte inferior do ventre de um vermelho-róseo vibrante.

Eu criava essas pequenas criaturas maravilhosas num aquário enorme, onde cada macho demarcava o seu território construindo ninhos com pequenas ervas e juncos em que incubavam os filhotes. Num certo dia de verão, pesquei o maior e o mais luminescente macho que eu já vira.

Depositei-o cuidadosamente no aquário, esperando que ele delimitasse o seu território (provavelmente um pouco maior do que o dos outros por causa do seu tamanho e magnificência). Para minha surpresa, ele não fez isso, mas nadou imediatamente para um feixe de ervas na superfície do aquário, procurando evitar os ataques dos outros machos.

Eu esperava que a natureza tomaria as suas providências e que um equilíbrio natural de poder se estabeleceria por si mesmo até o dia seguinte. Mas na manhã seguinte, o peixe continuava no mesmo lugar. Ele estava um pouco menos radiante, parecia um pouco tímido e ainda evitava os ataques dos outros machos.

Os dias foram passando e eu vendo o 'magnífico' esgana-gata sempre no mesmo lugar, cada vez menos colorido, mais tímido e sofrendo mais ataques. Depois de cinco dias o peixe estava com uma cor cinzenta-fosca, e eu comecei a temer por sua vida.

A única coisa que eu podia fazer era alimentá-lo e cuidar dele. Comecei a afagá-lo suavemente, dando-lhe a entender que eu não era uma ameaça, e na hora da comida passei a acrescentar uma pequena porção extra. Também lhe dei mais ervas para que ele pudesse se proteger e defender.

Em dois dias percebi uma ligeira mudança no seu colorido: ele estava ficando um pouco mais brilhante! Todos os dias eu o cumulava com as únicas manifestações de amor de que eu dispunha, e aos poucos o espírito dele retornou.

Numa semana ele recuperou toda a sua magnificência e começou a sair do seu pequeno território. Em quinze dias ele delimitou a sua área no aquário, e a natureza cuidou de si mesma.

O que compreendi com esse fato foi que 'a natureza cuidar de si mesma' não tem nada a ver com tamanho, força, beleza ou magnificência; tudo isso não significava nada para o meu esgana-gata. A natureza cuidar de si *incluía* a mim, e, mais importante, incluía o Poder do Amor.

Foi o Poder do Amor que triunfou.

amor e ciência

Você sabia que um bom lojista sabe dizer quando você, por mais que tente esconder, gosta de alguma coisa ou de alguém?

Como?

Ele olha nos seus olhos!

Por quê?

Porque, quando você olha para alguma coisa ou para alguém que você gosta, os seus olhos se abrem — ficam *bem abertos!*

O seu cérebro quer que os 260 milhões de receptores de luz que você tem operem a 'plena carga' para deixar entrar *todas* as informações que tanto o atraem.

Acontece a mesma coisa com todos os outros sentidos.

Quando você Ama, todo o seu corpo e o seu sistema sensorial 'se abrem' e deixam que uma quantidade muito maior de informações do universo entre em você. No verdadeiro sentido da frase, você se torna uma pessoa '*de mente aberta*'. Você entra imediatamente num estado em que o aprendizado, a memória, a concentração, a focalização e a capacidade de responder ficam todas ampliadas, revelando-lhe o seu pleno potencial e poder.

O verdadeiro poder não é a capacidade momentânea de impor a sua vontade sobre uma ou mais pessoas — não há segurança interior e prolongada nesse tipo de poder. Esse poder muda (e diminui) com o passar do tempo.

Poder verdadeiro também não significa ter um corpo vigoroso que mete medo nos outros. O tempo mudará isso também. Todos esses 'poderes físicos' são passageiros, e caso se constituam no seu principal esteio, a falta ou a perda deles pode levá-lo ao medo e a uma enorme insegurança.

O poder *verdadeiro* está no Poder do Amor, como comprovam ao longo da história modelos como Buda, Jesus e Maomé. Exércitos poderosos e líderes mundanos do tempo deles estão esquecidos há muito tempo. Mas a lembrança desses espíritos poderosos que lutaram com o Poder do Amor ainda floresce num número cada vez maior de almas humanas.

E esse amor pode 'mover montanhas', impelindo pessoas comuns a feitos extraordinários — a mãe que levanta um carro para livrar o filho preso debaixo dele ou o pai que cava com as mãos para libertar o filho soterrado por um deslizamento de terra.

sofrimento pela perda de um ente querido

Um dos maiores sofrimentos que podem nos atingir é o da perda do amor, e de modo especial a perda de um membro da família ou de um amigo pelos quais devotamos um grande afeto.

A perda é devastadora e pode parecer insuportável.

A dor e o sofrimento *podem* ser aliviados, porém, quando compreendemos o 'Grande Quadro' e quando nos tornamos mais conscientes das outras pessoas e da situação *delas*. Isso é muito bem ilustrado por uma história extraída da vida de Buda.

> Certo dia, Kisa Gotami foi até Buda chorando. 'Ó Sublime, meu único filho morreu. Corri a todas as pessoas que podia e perguntei, "Não existe um remédio que possa trazer o meu filho de volta à vida?" Todas responderam, "Esse remédio não existe; mas vai até o Sublime, talvez ele possa ajudar-te." Podeis, Ó Sublime, dar-me o remédio que devolva a vida a meu único filho?'
>
> Olhando para ela com compaixão, Buda respondeu: 'Fizeste bem, Kisa Gotami, em vir aqui em busca de remédio. Vai e traz para mim algumas sementes de mostarda de cada casa onde ninguém — nem pai, nem mãe, nem filho, nem parente, nem serviçal — tenha morrido.'
>
> Com o coração aliviado, Kisa Gotami saiu em busca de tantas sementes de mostarda quantas pudesse encontrar. De casa em casa, ela procurou freneticamente durante todo o dia, e em cada uma delas ouvia a mesma resposta: 'Infelizmente, grande é o número de mortos nesta casa.'
>
> Vencida pelo cansaço, ela finalmente disse: 'Meu filhinho, pensei que só você havia sido apanhado por isso que os homens chamam de morte. Mas agora vejo que você não é o único, pois essa é uma lei comum a toda a humanidade.'

O sofrimento é comum a todos nós. Quando sofremos uma perda de Amor como essa, é importante procurar direcionar essa 'energia de perda' não para uma espiral negativa de autopiedade e depressão, mas para uma espiral positiva de compreensão e compaixão. A seguir, a história extraordinária de uma mulher que finalmente conseguiu compreender a perda do seu Amor e teve força para usar esse conhecimento adquirido a duras penas para ajudar outras pessoas em situações semelhantes.

Morrendo por Ter Perdido um Amor

Fui certa vez apresentado a uma mulher que estava 'morrendo por ter perdido um amor'.

Ela e o marido estavam numa barca que afundara durante a travessia do Canal da Mancha, um acidente com grande número de mortos. Ela fora um dos sobreviventes, mas o marido morrera.

Durante 10 anos ela não conseguira 'encarar' a situação; ou, mais precisamente, encarar o horror das lembranças terríveis que persistiam em aflorar das trevas e atormentá-la sempre que a sua mente se preparava para descansar.

Durante anos ela estivera consultando 'especialistas' na tentativa de se livrar dessas lembranças. Expliquei-lhe que era impossível 'livrar-se' de uma lembrança, a não ser que se extirpasse parte do cérebro! A única maneira de lidar com a situação com sucesso era acolhê-la e usá-la.

Pedi-lhe que fosse corajosa e tornasse a examinar o que havia realmente acontecido. Feito isso, esperava-se que ela seria capaz de lidar com a tragédia de modo mais adequado e de usá-la em seu próprio benefício, em vez de se reduzir a um destroço despedaçado. Ela teve coragem e também se comprometeu, e em pouco tempo estava revivendo todo o acontecimento.

Quando a barca começou a naufragar, ela viu o marido cantando baladas irlandesas, engolindo rapidamente a sua cerveja Guinness e dizendo, com sinceridade e alegria: 'Que maneira ótima de morrer!' Em torno dela as pessoas estavam em pânico; muitas gritando: 'Está tudo acabado.' 'Ó, meu Deus, é o nosso fim.' 'Vamos morrer.' 'Não há esperança.' A sua própria reação foi de *viver*! Ela disse ao marido, 'Vamos' (ele não foi), e então procurou a saída mais próxima.

Em meio a todo o pânico e confusão, ela correu direto até onde ela sabia que estavam os barcos salva-vidas, e vendo que todos estavam flutuando, mergulhou na água e nadou até o mais próximo. Conseguindo subir com dificuldade e juntar-se aos outros poucos sobreviventes, ela observou, durante a pavorosa hora seguinte, que quase todos os que haviam corrido para os botes salva-vidas haviam tido um desejo indescritível de sobreviver, e haviam feito de tudo para salvar a própria vida e também outras pessoas.

Com um arrepio, ela observou que todos os que haviam morrido haviam de algum modo 'desistido' bem antes do último momento. Revivendo o horror de tudo pelo que havia passado, ela compreendeu que o seu marido não tivera medo da morte e que ela mesma havia sobrevivido a essa situação terrível por seu espírito extraordinário e por sua vontade de viver.

No fim, ela foi capaz de usar essas percepções valiosas para ajudar outras pessoas a compreenderem os próprios medos e a superarem os acontecimentos que haviam devastado sua vida. Essa atitude, por sua vez, ajudou-a a recuperar certa paz e certo sentido de propósito pessoal.

a história dos prisioneiros no corredor da morte

No final do século passado, uma jornalista investigativa americana realizou uma pesquisa extraordinária: ela pediu às bibliotecas das prisões estaduais que lhe fornecessem uma lista dos tipos de livros que os prisioneiros que estavam no corredor da morte liam no ano anterior à data de execução.

Da lista de assuntos a seguir, escolha aquele que você acha que foi, de longe, o mais citado:

- A Bíblia e outros textos religiosos
- Livros de Direito
- Histórias de aventuras
- Pornografia
- Poesia

- Filosofia
- Biografias
- Como escrever cartas e poesias de amor
- Astronomia
- Fugas espetaculares
- Livros de cartuns
- Livros de piadas
- Livros de comunicação

Para surpresa de todos, os livros mais requisitados eram os que ensinavam a escrever cartas e poesias de amor.

Nos momentos mais tenebrosos da vida, mesmo os condenados como 'animais' e 'escória da terra' tinham a atenção voltada para o Amor como foco principal e a expressão do seu Amor como sua última Visão e propósito da vida.

Chegou o momento de você exercitar o infinito poder muscular Espiritual do seu Amor.

exercício espiritual

1 Dê a Si Mesmo a Possibilidade de Amar

Em nossa era pós-industrial, da informação, em que o dinheiro é visto como poder e uma vida absolutamente agitada como sinal de sucesso, as emoções, especialmente o Amor, são vistas com cenho carregado e consideradas 'coisa de pessoas fracas'. Tendemos a desvalorizar ou a nos inibir e restringir desnecessariamente nessa área.

Agora que você compreende perfeitamente que a força e o heroísmo verdadeiros não se encontram na força material ou física, mas no amor Espiritual e na compaixão, concentre-se em estimular esse aspecto do seu poder pessoal. Ele pode trazer-lhe recompensas infinitas.

2 Expresse o seu Pesar

Como as manifestações de compaixão e Amor, também as expressões de pesar são consideradas como fraqueza em grande parte da sociedade moderna. Isso está errado. Expressar pesar é um sinal de *força*.

Todos nós sofremos. 'Reter o sofrimento' não é ser forte — é uma atitude tola e contraproducente! Dê um bom grito e não tenha medo de mostrar a sua dor e o seu pesar.

Uma das maneiras mais úteis de expressar a dor ou o sofrimento, creio, é escrevendo, especialmente poemas curtos. Essas composições breves têm o objetivo de expressar, aliviar e capturar esses momentos de 'amor sofrido' e então de nos deixar seguir adiante.

3 Tenha Consciência do Sofrimento dos Outros

Como vimos na história de Kisa Gotami, todas as pessoas sofrem. Quanto mais velho você for, maior será a probabilidade de que você tenha vivido grandes tragédias, dores e sofrimentos em sua vida — doenças ou a morte de pessoas queridas.

Remodele e atualize a sua 'Máquina da Compaixão' e olhe de modo mais perquiridor nos olhos de seus companheiros de viagem no planeta terra. Quando compreender mais profundamente a história de vida deles, você será capaz de abraçá-los mais facilmente com Compreensão e Amor.

O amor nada oferece senão a si mesmo e nada tira senão de si mesmo.
O amor não possui nem é possuído,
Pois o amor é suficiente para o amor.
(Kahlil Gibran)

4 Seja Mais Compreensivo com o seu Próprio Sofrimento

Quando coisas 'ruins' ou 'negativas' acontecem com as pessoas, são freqüentes lamentações como estas: 'Por que eu?'; 'Isso não é justo!'; 'Sempre acontece comigo!'; 'Sou sempre o azarado!'

A verdade simples sobre essas lamúrias é que quase *todos* as empregam! Em outras palavras, novamente, você não está sozinho. *Todos* estão no mesmo barco!

Você pertence a uma comunidade global.

Em vez de considerar o seu próprio desespero, a sua má sorte ou infortúnio, utilize-os para ir ao encontro dos milhões de pessoas que estão sofrendo, exatamente como você.

5 Use as suas Experiências 'Ruins' para o Bem

Tudo o que aconteceu na sua vida ou que você fez constitui a sua história, faz parte da sua história de vida. Lembre-se da história da senhora e da barca, e compreenda que todas as suas experiências 'ruins' ou 'negativas' são eventos especiais unicamente seus. Você pode usá-los para ajudar outras pessoas a evitá-los ou a lidar com o mesmo tipo de erros/tragédias como você. O uso adequado de todo o conjunto de experiências da sua vida é conhecido como Sabedoria.

Use bem o seu conhecimento de vida, e você será Sábio.

6 Ame a Si Mesmo

Ame-se. Só depois de aprender a amar e a respeitar a si mesmo é que você pode começar a amar e a respeitar as outras pessoas.

Muitos problemas que as pessoas enfrentam na sua vida são causados pela falta de amor a si mesmas. É o que acontece, por exemplo, com viciados em substâncias como cafeína, nicotina ou outras drogas.

Se você está lutando para abandonar um vício, ponha em ação o seu Poder de Amor. Contemple a sua grandiosidade, o milagre e a singularidade que você é, a sua Visão e o seu potencial infinito, e aumente essa bolha de Amor todos os dias. À medida que ela aumentar, o 'espaço' ocupado pelo vício ficará gradualmente reduzido, e o seu corpo e a sua mente ficarão livres como devem ser.

7 Envolva-se Mais com Animais

Procure viver com animais, brincar com eles e amá-los.

Os animais, especialmente os vertebrados superiores, experimentam as emoções de dor, sofrimento e amor como nós. Os pesquisadores também descobriram que as pessoas que têm animais de estimação vivem uma vida mais estável emocionalmente, mais feliz e mais amorosa. Pense na alegria e na afeição incontidas de um cão ao rever o seu dono há muito ausente e aprenda dessa forma de expressão de Amor a expressá-lo você mesmo!

8 Expresse o seu Amor!

Não deixe passar um dia sem dizer a uma pessoa que você a ama.

Descubra cada dia novas formas de expressar o seu amor por outros.

9 Faça Exatamente o Mesmo por Si Próprio!

Esta é uma prática de visualização que ajuda a aumentar o seu amor pelos outros e por si mesmo.

Imagine alguém que o amou no passado. Relembre a sensação de ser total e absolutamente aceito por ser você mesmo. Essa pessoa pode ser um membro da família, um amigo, um amante ou um ser divino. Visualize essa pessoa olhando para você com amor. Deixe esse sentimento penetrar no seu corpo. Permita-se realmente aceitar o amor. Fique exposto a ele durante cinco minutos.

Você descobrirá que ao movimentar-se para voltar ao mundo do dia-a-dia, você se sentirá compelido a dividir esse amor com outros.

10 Uma Meditação de Amor e Bondade

Sente-se num lugar silencioso, confortável. Relaxe e expire. Em seguida visualize as pessoas que lhe são mais caras.

Deixe que os seus sentimentos de amor aumentem; lembre-se de como essas pessoas são maravilhosas e de como você é grato por tê-las em sua vida. Elas podem ser pessoas do seu passado ou do presente, vivas ou mortas. Fique com esses sentimentos de imenso amor durante alguns minutos.

Em seguida, dirija a atenção para as pessoas de quem você gosta; podem ser colegas, vizinhos, conhecidos casuais. Procure estender o mesmo amor e afeto para elas, como fez com as pessoas que ama. Reconheça que como todos os outros seres viventes, elas querem alcançar a felicidade e a paz. Abra espaço no seu coração para que esses sentimentos de amor e afeto por essas pessoas aumentem.

Então, volte a atenção para as pessoas que lhe são indiferentes. Estas são as que você vê no metrô a caminho do trabalho ou no supermercado. Novamente procure derramar os seus sentimentos de amor e afeto sobre elas para que também encontrem alegria e alívio do sofrimento, e para que os amigos e familiares delas também façam isso. Passe algum tempo fazendo isso.

Por fim, o mais difícil! Visualize os seus inimigos: a pessoa que o prejudicou no trabalho, um ex-marido/mulher que teve um comportamento repreensível, alguém que maltratou seu filho. Procure ver essas pessoas como alguém que, como você, quer que os sofrimentos terminem e que chegue a felicidade. Procure enviar-lhes o seu amor. Continue praticando. O ideal é poder estender o mesmo tipo de zelo e atenção para todos.

estimuladores do espírito

- Sou uma pessoa amorosa.
- O Amor é a minha estrela-guia.
- Uso o meu sofrimento para me tornar mais sábio, compassivo e caridoso com os outros.
- Mantenho-me calmo e corajoso diante das adversidades.
- Digo regularmente aos que me são próximos que os admiro e amo.

Algum dia, quando tivermos dominado os ventos, as ondas, as marés e a gravidade, usaremos as energias do amor. Então, pela segunda vez na história do mundo, a humanidade terá descoberto o fogo.
(Teilhard de Chardin)

Mantenha o olhar no Grande Quadro. Valorize a si mesmo e aprimore incessantemente os seus princípios éticos pessoais. Tenha a sua Visão de Vida sempre à sua frente, como um farol. Seja Compassivo e Compreensivo consigo e com os outros. Torne-se sempre mais Agradecido e Generoso. Ria e veja o mundo rir com você. Continue a liberar a criança que existe dentro de você. Desenvolva a sua força interior por meio do Poder do Ritual. Crie paz interior e exterior.

Praticando essas ações, você desenvolverá, possuirá, realizará e compartilhará o Poder do Amor.

Se você deseja saber mais sobre Inteligência Espiritual e participar de jogos, brincadeiras e discussões sobre todos os assuntos tratados aqui, visite

www.Mind-Map.com

ou entre em contato com Tony no Centro Buzan:

Buzan Centres Ltd
54 Parkstone Road
Poole, Dorset BH15 2PG
Tel: +44(0) 1202 674676
Fax: +44(0) 1202 674776

Buzan Centers Inc. (Americas)
PO Box 4
Palm Beach
FL 33480
USA
Tel: +1 561 881 0188
Fax: +1 561 434 1682

ou email: Buzan@Mind-Map.com